此時此刻，我們相遇

一部人生哲學

Det er vi som er her nå　Jostein Gaarder

喬斯坦·賈德

劉恙冷——譯

目錄

開場白 005
奇幻世界乍現 011
瓢蟲 021
讀心者 027
我的爺爺 039
超心理學 047
超自然事物 055
地球 069
精密時計 075
時間與空間 085

地質時間 097
無線電訊號 113
星球的永續性 123
視覺化石 139
拉塔托斯克 151
骨科醫生與太空人 163
九個大腦 171
人生在世的問題 187
晚霞 211
致謝 223

親愛的雷歐、歐若拉、諾亞、艾爾巴、尤莉亞和毛尼：

我在電腦螢幕前坐了下來，準備寫信給你們，而此時此刻肚子裡正興奮得微微作癢。用這種方式和你們聯絡，感覺可真奇怪。

計畫是這樣的，我所寫下的文字，同時有可能成為一本篇幅不長的書，其他人都能閱讀。這樣的文章雖然主要是寫給某個特定人士，或是只寫給少數幾人，卻是任何人都可以閱覽的，我們通常稱之為「公開信」。

所以說，這封信要一直等到付印後，你們才能讀到；不過這倒也不會成為讓你們煩心的理由，因為在所謂的「出版」——也就是在出版社發表之前，我都不打算告訴任何人我正在寫這本書。我很期待將書交到你們每一個人手中，這是已經計畫好的事情，而且我可以想像，那將是很莊嚴隆重的一刻，對你們和我來說皆然。接下來，你們是會從爺爺這裡一一收到信，還是我們會為了這件事，在其中一人家裡好好聚會慶祝一番，讓我們拭目以待吧。

我並不是第一次寫這樣的文學書信，好幾本我的著作都採用過這種形式，不過都是寫給虛構的人物。

唯一的例外是某個女人的信，寫給一位一千六百年前生活在北非的知名主教兼「教父」[1]，我在自行創作這封信的過程中感到很盡興。我想要賦予那位女性所謂的發聲權。她是真實存在過的人物。人們從主教本人的《懺悔錄》（*Confessiones*）得知她的存在，可是除了知道教父在與她同居多年後的某天把她趕出家門，其餘關於她的事情我們大多不清楚。連她叫什麼名字，我們都不曉得，不過我給她取名：芙蘿莉亞．艾米利亞[2]。

當然啦，主教從未能夠讀到那封來自芙蘿莉亞的信，但是我想讓今日擁護他的信眾盡可能全都有機會讀到。在書裡，我還以假亂真地想像他真的收到了信，來自那名他曾如此深愛過的哀傷女子。

然而教父做出了選擇。與其花費心力和自己塵世人生的一名女子相愛，他寧可一心一意追求能在死後世界獲得永生；因為他認為，兩者恐怕是水火不容的。

我們最該留意的重點也許是，他怎麼有辦法犧牲活在這個世上所擁有的許多事物，就為了一套關於**另外**一個世界的構想。一千六百多年來，這個議題並沒有完全過時，而這本書要探討的眾多主題之一，就是這類的人生哲學問題。

寫公開信給活在今日現實中的人，是一項我前所未有的全新體驗。你們年紀各異，在我提筆的當下，最年幼的才出生僅僅幾週，最年長的則將近十八歲，三個女孩，三個男孩。然而，你們卻擁有某個

1 指作者於一九九六年出版的《主教的情人》（*Vita Brevis*）。

2 原文為 Floria Aemilia，足智文化出版的《主教的情人》所採中譯名為「芙羅莉亞．愛蜜莉」。譯者考量到第二字實際上為姓氏，遂重新予以中性化音譯。

共同點。說到這，我首先想到的可不是你們有同一個爺爺。不，不是的。我想的完全是另一回事，而且重要得多了：你們全都出生於二十一世紀，並且大多數——或許全數六人都將會活過整個二十一世紀，最後但願晚年的你們都來得及窺探二十二世紀的樣貌。

我自己出生於二十世紀中葉，這表示這部著作將跨越一百五十多年。我能毫不遲疑地宣告，恰好這一百五十年很有可能會列入人類存在史上最關鍵的時期，因而也會在我們星球的歷史占有一席之地。

我有話要告訴你們，還有一些觀點，希望提出供你們參考。我所指的，是對生命、人類文明，以及對宇宙中我們這顆脆弱星球的看法。希望我闡述的方式，能夠使它們整體看起來像是一篇大致前後連貫的反思；不過，我同時也打算試著一次只著重在一個限定的主題。

此外，過程中我還會向你們提出一些問題。當中有幾個問題，我自己將永遠得不到解答；但其中很多問題，是你們總有一天會有能力回答的，要是你們在這個世紀快要結束前的某個時候（又一次！）閱讀這封信的話。只是請試著不要回答我，你們的答案我永遠收不到，就像芙蘿莉亞的信到不了北非主教的手裡。

我們可以十分輕易地對後代子孫或未來世代發聲；可是那些生在我們之後的人，卻永遠不會有辦法回頭向我們呼喊他們的回答。

為了解釋我的意思，不如我這就提出一個這類的問題好了：

二十一世紀接近尾聲時，世界看起來是什麼模樣呢？

現在——愈早愈好——就提出這個問題說不定是明智的，因為就算今天沒人知道答案，**形塑**二十一世紀末的責任，事實上也是落在現今活著的我們身上。嗯，「形塑二十一世紀末的責任落在我們身上」或許是個誇張嚴重的說法，是啊，誇大得很；不過你們明白我的意思，而在那個遙遠未來的某個時刻，你們會有新的機會可以深思熟慮，想想爺爺當初為什麼要這樣遣詞用字。

你們的年紀不盡相同嘛，較為年幼的，不妨過幾年再來讀我寫的信。這封信書寫的對象是我成年的孫子、孫女，我說的成年，是指大約從十六、十七歲開始算起；這代表歐若拉和雷歐已經夠大，有辦法跟上爺爺接下來要表達的思路，至少絕大部分。（儘管如此，上網查詢工具書有時仍可能是聰明的作法，因為我絕對會使用到不少罕見的字彙與概念。）然而同時我也懷抱著希望，期盼隨著你們每個人年齡增長、獲取更多人生歷練，此書能夠被一讀再讀；因此，這封信同樣是寫給諾亞、艾爾巴以及尤莉亞。也是寫給你的，小毛尼，歡迎來到這個世界！在我正要繼續下筆的同時，腦海顯現著你們各位。

我有六張年輕面孔可以在寫作過程中思忖，好一個天大的機會、莫大的榮幸呀！六位年輕的世界公民哪！

〈奇幻世界乍現〉

我在奧斯陸（Oslo）市郊長大，當地曾為燦然一新的近郊住宅區，名為銅森花園[1]，全家在我年僅三、四歲時搬了過去。我在銅森花園住了十年左右，生活在衛星都市的那幾年童年時光所留下來的印象，是一連串清晰卻互不連貫的影像，有如從漆黑的萬花筒深處所見那般。

1 原文地名 Tonsenhagen 由兩字組成。Tonsen 今除指奧斯陸比耶克區（Bjerke）底下的另一鄰里社區之外無特別含義，但根據《挪威大百科全書》（*Store norske leksikon*），此字可能衍生自古冰島文詞語 Pornsin，意為「荊棘叢原」；故除了音譯之外，並以「銅」字加入荊棘意象（最直觀考量為銅與荊棘顏色相近，以及金屬能表現荊棘困難艱險，同時參考成語「銅駝荊棘」），並用「森」直接表達叢林。後半組成字 hage 則是「花園」之意。

這些片段的其中一段，也是最清晰的片段之一，我將在此詳述。

有一回大白天，或許是某個週日吧，我猛然一驚，眼前的世界像是初次目睹一般。我彷彿在一個奇幻世界裡睜開雙眼，鳥語如笛聲和玻璃般清脆，孩子們在街道上興高采烈地玩耍。萬事萬物無不是童話、驚奇，而我就在這裡，身在一個深沉的祕密內部，被包裹在一團沒有人猜想得到的謎霧之中，猶如誤闖另一個現實、另一顆泡泡，帶有幾分白雪公主、灰姑娘，或是長髮公主、小紅帽的色彩。

上述魔怔狀態持續僅僅幾秒鐘，謎團的電擊倏忽即逝，可是那好比觸電的甜美驚愕感卻在事後猶存我體內好長一段時間，此後不曾消散而去。

就在相同的短短幾秒鐘內，我第一次知道了自己會死。那是身在這個地方的代價。

那時我身處童話之中，感覺真是妙不可言，就像實現了一個巨大願望似的——但我只不過是到訪這個地方而已。想到這，想到自己並不屬於這裡、自己竟沒有任何穩固的歸屬就令人難受。

我和世界僅有一絲命懸一線的連結，直到這種情況無法維持為止，直到我的生命無法延續為止。

此處並不是我的家。那群活像是小精靈的孩子，才歸屬於這個所在。

我獨身一人在世界上，如同人在夢境裡是孤形隻影。夢中有他人來訪的情況下（以客串之姿），做夢的人照樣一手掌握自身的主導權。靈魂不會匯流到一塊，它們只會集體流淌。

同一種半夢半醒間與他人的疏遠感，就連在我清醒時，也還是可以些許察覺到；儘管如此，我仍然非得把自己所經歷到的告訴別人不可。

但我沒有向同儕傾訴這件事，這要如何向他們啟齒呀？

我們上學的路途中，談論的話題是尤里．加加林[2]（他剛上了外太空耶！）比耶克賽馬場[3]的馬匹，或是在茵斯布魯克[4]舉辦的冬季奧運會……只要我們擁有一臺蓋格計數器[5]，早就能發現一大堆鈾發大財了……還有啊，勞斯萊斯汽車要是拋錨了，隨即就會飛來一架載著維修人員的直升機，前來現場就地修理豪華汽車呢……

我沒辦法向兄弟們吐露自己覺得活著很「奇怪」，或是自己身為一名年僅十一、二歲的健康男孩，竟然害怕死亡。那會打破我們之間公認的一套用語，這套用語建立在某種可預測性之上。任何胡言亂語都是要不得的！

所以我便找上老師及父母。不管如何，面對這類生死相關的議題，他們的理解一定比較深刻入微——畢竟是**大人**嘛。

我試著向他們提出質疑。「我們活著難道不是很奇怪的一件事嗎？」我說，「有一個世界存在，或者說有任何事物存在，難道不奇怪嗎？」

然而，他們卻比小孩還空洞，反正是比我所認識的我自己還要空洞無物就對了。這一定是因為，在他們長大成人的過程中，身上有什麼東西漸漸隨之**退化**了。

他們只是盯著我，彷彿我才是那個奇怪的人。

他們為什麼不單純附和就好呢？「是啊，我們活著這件事想起來確實很奇怪。」他們本來可以這麼說的，甚至可以承認這件事有點不可思議，或者根本就太荒唐、太瘋狂了！但就我所能理解的，被逼著對我提出的問題表達看法，大人們只是感到很煩。也許怕我還會想出

2 Yuri Gagarin（1934–1968），俄文為 Юрий Гагарин；蘇聯太空人，第一位進入太空的人類。

3 Bjerke Travbane，位於比耶克區之比耶克鐵道社區（Bjerkebanen），鄰近作者兒時居住的銅森花園社區。

4 Innsbruck，奧地利西部城市，著名滑雪勝地，於一九六四年和一九七六年舉辦冬季奧運會。

5 一種探測游離輻射的粒子探測器，經常用來探測 α 粒子與 β 粒子。

什麼別的問題，他們眼神閃爍不定，別過頭看向其他地方。這令我挫敗不已，因為我可是剛發現了世界啊！

起先，我大概顯得不知所措、遲鈍笨拙。是我無理取鬧嗎？有沒有可能是我忽略了，還是沒弄懂什麼？搞不好那和死亡有關？因為，關於死亡這檔事，我究竟知道多少呢？

還是說，就只是大人們不願談論世界罷了？

不願談論有事物存在！不願談論事物的形成誕生！

偏偏針對這回事，就是沒有什麼好說的。

事情發生在一九六〇年代初期，也許當時多數成年人皆不再那麼確定，是否真有一位全能的上帝用了六天時間開天闢地。

那則故事我當時倒背如流，我們在學校學到；整段大顯神威的敘述會被指派成回家作業，起碼還有那麼一次，隔天有很大的機率會被老師驗收作業成果。然而，這時卻沒有一個大人提出這則故事。

我所問的，某種程度可說是與基督宗教學這個科目無關，和鄉土課程[6]也沒有關聯，甚至和地理都不相干。那樣的發問純粹不得體，差不多就類似要大人們回答「寶寶究竟怎麼來的，又是如何在媽媽的肚裡全靠自己扭動起來」；說到**這個**問題嘛，當時的我已經弄清楚了。

我在書架的其他書後面找到了一本附有插圖的著作，接著便恍然大悟，新生兒原來是在母親的子宮內一個接著一個形成的，而且是出於一個不宜提及的理由。但世界的秩序就是如此，我們拿它沒辦法，只得避免向孩子們透露事情發生的詳細經過——不能讓他們對那幅震撼的場面有一丁點認識，因為小孩可承受不住父母羞恥之事所造成的精神負擔，我也不例外。翻過那本書後，面對媽媽推著嬰兒車的景象，

6 挪威原文為 heimstadlære，詞源為德文 Heimatkunde，挪威於一九二二至一九七四年間施行的小學科目，旨在幫助學童由在家玩耍的生活型態自然地轉入學校的計畫性學習，協助孩童身心和諧發展，讓學生最終得以適應家庭、學校及社會。

我再也恢復不了和以往一樣安穩又日常的態度來看待了。

然而，「世界從何而來？」這個問題，光天化日之下站在客廳或廚房與爸媽談論起來，尷尬程度可謂更甚。

我會抬頭看著他們追問，語氣幾乎流露懇求：「所以，你們覺得世界正常得很囉？」

此時事態便會達到一觸即發的地步。「對，世界很正常，」他們向我保證，「當然是這樣，正常**得很**。」

也許他們更語帶堅決一點，可能還補上一句：「我覺得你不該成天想太多那些有的沒的。」

有的沒的？

我想我懂他們的意思。他們的意思是，要是太常去想世界不正常，我自己可能會發瘋。

很顯然，父母和老師都覺得世界——就是那個世界！——說到底平凡得很，至少他們是這麼說的。不過我知道，他們若非說謊，就是搞錯了！

我知道自己才是對的，並決定永遠不要變成大人。我向自己承諾，永遠不會變成一個把世界當成理所當然的人。

多年以後，我觀賞了史蒂芬·史匹柏（Steven Spielberg）的電影《第三類接觸》（*Close Encounters of the Third Kind*）。

片名的邏輯如下：在天空中目擊幽浮的人，是經歷到了第一類「近距離接觸」；看見外星人從外太空來訪的實質證據的人，是經歷到了第二類近距離接觸；親身接近外星人的幸運兒——或者該說是倒楣鬼，則是擁有第三類近距離接觸。哦！**接下來**呢？

然而，那天晚上當我走出電影院時卻突然發覺，即使是最後那一類接觸，基本上也不是什麼值得吹噓的事——我自己可是體驗過第四類近距離接觸。

我本身就是這樣一個神祕的外星生物，我能感受到，而那是全身一陣顫抖的酥麻感。

自從那時起，我對此深思熟慮過好多次。每天早上我醒來，床上都有一個外星人，而那個外星人就是我！

〈瓢蟲〉

當我還是十幾歲的青少年時，有一次我獲得了另一種完全不一樣的體驗。我隻身前往森林深處，時節適逢初秋，當時星羅棋布的花楸樹[1]果實、一簇簇的藍莓灌木叢，還有色澤冷豔的帚石楠[2]，我都還記得。

我剛在石楠花簇擁下的戶外醒來，躺在一個綠色睡袋裡；每回

1 挪威文為rogn，挪威全境極常見樹種，為三至十公尺高的闊葉樹，橘紅果實味道酸苦，可製成果醬、果凍及酒類，也被用於傳統醫學製藥。北歐神話中，相傳溺水的索爾抓住了花楸樹枝而得以保命，花楸樹因此被奉為索爾的救贖神木。

2 挪威文為røsslyng，別名「蘇格蘭石楠」，十至五十公分高的多年生灌木，花小而緊密排列，耐寒耐旱，挪威境內隨處可見，與子葉虎耳草（bergfrue）先後被選為挪威國花。

我參加童子軍野外旅行時都會用到那個睡袋，如今那段時期已經結束了。

我為什麼在這呢？對了——我有心事，就是這樣，很心痛的事，然後我便起身出發前往森林，最後在開闊的天空下躺下睡覺。

但當我醒來時，卻無法在上方瞥見半點天空。濃霧籠罩了林地，大概只覆及樹梢，我便在拂曉的微弱晨曦中躺著細察身下森林土壤裡的瓢蟲、蜘蛛和螞蟻。這些小不隆咚的動物可真是活力旺盛。

就在這時，我突然在肉身和靈魂中都感受到**我就是自然**，正如那些在苔蘚和石楠花之間爬來爬去的微小生物。不久後又浮現一個更深入的想法：我是由跟周遭所有生物一樣的分子所組成的；曲目不同，音符卻是完全相同的。

我並不只是到訪世界而已，像是匆促經歷一場迷幻冒險那樣。我在這裡是適得其所，如魚得水，亦或如蜘蛛得以在石楠花叢間穿梭。

我在家、在自己的世界裡，因為我屬於這個世界、**是**這個世界。哪怕我這副身體有天灰飛煙滅，那也將會持續下去……

一股近乎難以言喻的安定、意想不到的平靜落在我身上，那股感覺和我休息過了沒有關係，因為我睡得可差了。可是短短一兩秒內，我可以說是放開了束縛自身的矜持，卸下防備而屈服於另一樣事物，某種更龐大、更溫暖的事物；或者應該說，我獻身於這另一樣事物，任由它吸收自己。感覺起來，就像是我自己與存在的萬物之間的精神流轉、身分的流轉，又或是把發生的事稱為回流，可能會更加精準：我讓自己的某一部分流回大自然。

上述狀態持續了不過幾秒鐘，但確實持續過，時間剛好讓我來得及環顧四周，並在某種程度上認得自己搭營所在的林中小空地周圍的白色樺樹幹；這些樹幹是屬於我的，它們同時也是我。我並感覺到，自己與那些在森林地面爬行的渺小生物有著遠親關係。能否體會到瓢蟲和我之間那細微如髮的親屬關係，全看我的探究有多深入。

有那麼幾晌之久，我接觸到了大自然中以及我自身內部的更深層面，或者應該說，我接觸到了多年後將會被我視為「始基」[3]的事物。

然後我又回到了睡袋裡，鑽回我自己的個別存在之內。

一股涼意接著傳來，我凍僵了。

所以呢？這天早上所經歷到的，莫非只是感官在欺騙我嗎？會不會是我剛躺在這兒石楠花叢中做的夢，對我的感官產生了影響？還是說，那道出了關於我自己與世界的某些事實？

人的經歷畢竟百百種，有些人說他們經驗到神的存在——或是上帝或祖先對他們說話。我自己是從未有過這類經歷可以分享。

不過，我在那個早晨的體驗，說不定倒是禁得起最具批判性的事後審視。因為，近乎讓人喘不過氣的個人主義，豈不是就跟與萬物合而為一的更為無拘無束的經歷，或甚至更單純的僅僅存在，一樣勉強或者牽強嗎？

接下來幾年，我將會繼續深思這樣的問題。

那次在森林裡，我扮演了一個高度被動的角色。猝不及防地，我被置放到另一個意識狀態裡，咻！再咻一下——轉眼間就結束了！

然而，當我後來回想這件事，卻猛然意識到，上述移轉過程也能以一種更主動且受意志所控的方式發生。我可以隨時選擇打起更大面的旗幟，一定程度地代表某種範圍更大的事物，超出我一般認知的我與我的附屬；我可以從事諸如此類的解放性思想跳躍——起碼每次都進行一會兒。

我並不只是**身在**自然中。我**就是**自然……

3 挪威原文 urgrunn，源自德文 Urgrund，意思為「根本原因」、「原始基礎」，此哲學概念來自古希臘文 ἀρχή。

〈讀心者〉

在我成為真正的大人之前，有過兩次強烈卻同時相互矛盾的經驗：第一個感覺甜中帶苦，我驚鴻一瞥地到訪某個轉瞬即逝的奇幻世界；幾年後則是體驗到，自己代表著某個比我自身更宏大、更堅實的整體。

相似的經歷來了又去，不過如果這就要我驟下結論的話——今天我懷有的是哪一種生命感受呢？這不太好說，也許兩者都有一點，又或是兩邊都占了很大比重。

與我們不再存在世上的所有時間相比，一個人的生命**是**很短暫的。如果生命的價值無限，那麼也就是說，失去了我們手上握有的唯一一張彩券，便無可挽回了。光是想到這個損失，便感覺像在下沉，宛如被捲入重物沉入深水中所引發的水下逆流。

然而，我們卻不只是我們自己而已。我們每一個人都同時代表著全體人類，以及我們生活的這顆星球。

說到此，便有了下列問題：人類的前景將變得如何？我們的星球會發展出什麼樣的未來？

我之後會再回過頭來切入那些觀點。我正在尋找將我們連結在一起、使我們團結的要因，此乃我書寫的理由。

我一直都很喜歡在森林裡長時間地散步，特別是當有什麼問題需要解決時。繁忙時期，我曾散步到一半就又折返慢跑回家，純粹是因為在中途問題便迎刃而解了。

在群樹環繞的野外，我曾有時站著盯著地上的蟻丘，幾乎像是被催眠似的。我試過將眼光專注在單單一隻螞蟻上，這從來並非易事，由於被選中的那隻來回移動、時走時停，直到無可避免地在我眼前消失於密密麻麻的蟻群中為止。這時我必須再挑出一隻新的候選螞蟻，然後重啟一絲不苟的監視；如此我便能讓這個活動持續進行。

我也試過相反的作法，試圖將所有注意力集中在蟻丘本體，忽略單隻的螞蟻；但就連這麼做也是一件費心勞力的差事。蟻丘被成千上萬的極小個體占領，互動分工錯綜複雜，忽略這些精神抖擻爬動的小傢伙，簡直可謂在欺騙自己的視覺。

或許有一個折衷的辦法，那就是把單隻螞蟻視為多細胞生物體中的一個活細胞；儘管就連這麼做也不正確，因為嚴格說起來，單隻螞蟻可並非不可分割生物體中的一個細胞，牠，至少也是單一個體，能離開蟻丘跑得無影無蹤。

蟻丘看上去條理井然，令人難以置信；我一直都想知道，這些小不點生物怎麼有辦法互相溝通，或是與牠們跑出來、也總是能（幾乎啦）返回的蟻丘——就是那個中央基地，進行交流。

蟻丘的形象輕輕鬆鬆就能轉套在城市的居民上，或者既然講到這了，其實也能轉用到全世界的人口上。

人類就只不過是全然分離不相干的各行為者所集合而成的大雜燴而已嗎？還是說，我們之間存在著某種或多或少隱蔽的紐帶呢？

一次，我又跑到戶外散步，走在高聳樹木間的一條狹窄小徑上；小徑依著草木叢生的山谷地而延展，沿途順著潺潺溪水的流向。那個地勢高低起伏的區域，我先前從未到過。

當我身入此類新景色時，碰巧也會產生一些全新的想法；如今，我就只是邊走邊思考著「我在思考」這件事。到底是怎麼辦到的呀，**思考**這回事？是什麼東西在我腦內的神經細胞間激起火花呢？一千億個神經細胞耶！

這時後頭來了一名男子，跟上我的腳步與我並肩而行。那人是高個子，不折不扣的巨人。他低頭瞧向我，帶著一副打量目光，就在這個時候開口了——若不是對我邊走邊想的事情發表評論，我真不曉得還能理解成什麼才好。

「不只是這樣，銀河系中還有一千億顆恆星呢。」他說。

我嚇了一跳，抬頭與一雙深藍色眼睛四目相交。那名高大男子這下似乎在重新審視我，要不然他究竟是在做什麼？他又說：

「可是啊，『銀河系』畢竟只是我們地球當地稱呼宇宙一千億個星系當中的一個所用的名字罷了……」

他速速地點了點頭，就這麼邁步向前，消失在我前方小徑的蔥郁林木之間。

我目瞪口呆，並且沒有一絲懷疑，我可是生平頭一次遇見了會讀心術的人哪！而且，這名陌生人和我接觸，彷彿就是為了恰恰表明這件事：他跑進來了，他剛才跑進了我的頭腦裡。

那感覺並不會壓抑難耐，反而棒透了，帶給我一股極度愉悅之感。

一切都隨之改變了，我站在通往新時代、通往思想與意念之新紀元的門檻。

我可以說是恍然大悟，原來自己不僅僅是血肉所組成的，還同時參與了另一個更大的整體、某種靈魂共同體。多麼教人欣喜若狂的領悟呀！

我永遠都不會忘記這幾秒鐘，開心得不得了！

然而下一刻我卻醒了。與謎樣男子的相遇不過就只是夢一場。儘管他以某種方式跑進我的頭腦裡，至少這部分我承認是真的發生了。

我躺在床上，直愣愣地盯著上頭天花板的凹凸不平處，又陶醉又興奮，同時卻也感到失望、幻想破滅。

頭腦好比黑洞一般，我剛剛所思考的一切想法全都塌縮回自身的重力裡，什麼都沒逃過大腦的界限，甚至一點夢境畫面都不倖免。

思想並不會在靈魂間自由飄移，我想。世界可不是這麼建立的。

好啦，親愛的雷歐、歐若拉、諾亞、艾爾巴、尤莉亞和毛尼，你們剛剛或許上了我的當，我的意思是，遇見讀心者的奇談只不過是一場夢；不過我倒不怎麼覺得內疚，因為我可是忠實地依照經過講述了這段經歷。

我夢見自己在林中小路遇到了一名高大男子，他開始對我剛剛邊走邊想的事情發表評論。不過，他所達到的成就並沒有像我一開始印象中的那般教人嘆為觀止；這次靈魂的相遇發生在一場夢裡，在我自己的夢裡，高大男子僅僅是以客串角色的身分登場。

從根本來說，是我閱讀了他的思想，而不是他閱讀我的思想。不知不覺中，我演出了一齣夢境戲劇，假裝任憑一位「讀心者」讀懂我的想法；但我可被自己給糊弄了，因為我才是讀了自身想法的人。夢裡，我們並非兩個人——唯有在夢境層層籠罩的幻覺中才是。

現在我想要強調，這段平淡無奇的解釋大可不必讓你我覺得掃興。人類——在銀河系螺旋臂內某顆星球上——的意識，照樣保有宇宙最大謎團的地位。人腦的神經細胞可是與銀河系中的恆星一樣多哩！

順便把話說清楚了：在外在清醒的世界中，我同樣也想不起自己經歷過任何形式的思想傳遞，即便我活了這麼多年，見過這麼多形形色色的人。

舉例來說，我至今尚未體會過，當坐在火車車廂裡或搭乘飛機時，有哪個同行的乘客上前告訴我，他或她明白了我獨自坐在那兒思索的事情。（要是我們身邊老是有一些人能夠知道我們在想些什麼，那該有多令人坐立不安啊！）

曾有兩三次，正當我人在地球的另外一端時，挪威國內發生了驚天動地的大事，不論是家族裡還是國內其他地方；而我卻從來都沒有透過心電感應被告知這些事件。

除此之外，我和你們的奶奶共桌同床了近五十載的歲月。她能靈敏注意到我坐著深陷自己的思緒裡好一會兒了，也許還能察覺占據我心頭的想法是喜是悲；可是她從來都沒能精準地「解讀」這些想法關於什麼。就我所知，我倆可是從未做過同一個夢的。

而假使今天思想真的能傳遞好了：考試時通過心電感應來舞弊，監考官該怎麼有辦法監控與打擊呢？然而，倒是沒有一份考試法規有任何明文規定，要求考生應試時必須關掉所有的心電感應裝置[1]。

儘管如此，現在我仍然有意強調，有一種型態的心電感應本該**可以**實現，不見得要違反任何基本的自然法則。

只要自然界的運作道理略有不同，而人類大腦，或是幾個人的大

1 挪威原文為 anlegg，除了指「設備、裝置」之外，還同時帶有「體質、天生資質」之意，在此處造成語意雙關效果。

腦，在少數情況下能夠運作得差不多像是無線電發射器，哪怕發送範圍僅限於至親好友，如此一來便不需要推翻科學的假說，自然科學的世界觀也不用遭到絲毫違背了。這種現象只會需要被進一步研究，徹底查明弄清，然後被當作一種自然現象而記下來留意，大概就類似蝙蝠的回聲定位、候鳥的方位識別能力，以及其他——就算我們現在將眼界局限在人類和動物的感官——仍多到難以想像的自然奇觀。

此外，有能力解讀家人的思想——不論距離遠近——還可以成為顯著的生存優勢，也就是一種明顯有利的特質，比方說，當我們遇到危急情況，別無他法，僅能以意念力量的方式和彼此取得聯繫時：「現在集中精神了，兒子，接下來我會用傳遞思想的方式告訴你，怎麼做才能提高生存機會。」

不難想像，若是以演化生物學來理解，使用心電感應溝通的能力會是一個有利的生態區位[2]；於是，這個能力便會很容易遺傳。在一個首次出現這種特徵的人口群體內，讀心者會與日俱增，不具這個優勢卻還能倖存的個體則會愈來愈少。

然而，在整個二十世紀期間，心電感應被研究得析毫剖釐，最終不得不被判定為不存在，而遭到否決。心電感應不具有經驗基礎，現今差不多被視為已遭摒棄的科學假說——儘管「讀心術」在魔術師和愛開玩笑的家庭成員之間依舊很盛行。

軍事情報單位當然徹底測試過思想傳遞的可能性，但結果令人失望，這現象萬一得到了科學證實，那麼全世界的神經科學家可都將趨之若鶩了；不過，因證實了人類的心電感應而獲頒諾貝爾獎的，不管是物理學獎還是醫學獎，倒是仍一個人都沒有。

雖然這一切並未有定論。我們並不能排除心電感應可能發生，作為一種罕見但真實的現象；一個現象無法被證實，可並不等同於該現

2 挪威原文為nisje，英文為ecological niche，中文又有「生態位」、「生態棲位」、「生態龕位」、「小生境」等譯名，為一個物種所處的環境以及其本身生活習性的總稱，此概念含義除了物種的生活空間外，還涵蓋物種於其中的功能作用。

象不存在。

曾經，「黑天鵝」這個概念被用來當作難以想像之事物的典型象徵，因為當時的天鵝的確全都是白色的——一直到十七世紀末，歐洲人在澳洲發現了黑色的天鵝。

〈我的爺爺〉

在我還是個小男孩時，曾有幾年對變魔術懷有濃厚興趣；這種著迷或許部分是承襲自我的爺爺，也就是你們的高祖父。他早在我年滿八歲以前就去世了，而我將在他離世六十多年後寫這封信給你們，也就是我自己的孫子女，這件事他活著時當然毫不知情——雖然說誰曉得呢？也許他心裡偶爾隱約想過，自己遲早有一天會有一些關係疏遠的後代，例如他孫子女的孫子女；他們將在他的一生結束了很久、很久以後活在世界上——這些人就是你們呀，親愛的雷歐、歐若拉、諾亞、艾爾巴、尤莉亞和毛尼！

爺爺是個擅長憑空變出克朗[1]硬幣的高手，彷彿是從空氣中一把抓出來的一般，又或是就這麼從我們的耳朵裡拂彈而出。反過來他也辦得到：他能把一克朗完全變不見，也就是又變回到什麼都沒有的狀態，然後又一眨眼把它給變出來。魔術一變完，他總會隨即把硬幣送給我們這些小孩。

如此一來，拜訪爺爺便大多能享受著雙倍的樂趣：首先我們得以見識一段教人嘖嘖稱奇的魔術表演，緊接著每個人都會拿到給我們的一克朗。這在當時可是很多錢哩，那個時候還有一歐耳[2]的硬幣，一克朗就等於一百個這種小小錢幣；當時的人可以帶著一百個淺棕色的一歐耳硬幣到銀行換成閃閃發亮的一克朗——反之亦然。我不記得最讓銀行行員感到厭煩的是哪一種，不過他們那時必須兌換同等價值的錢幣，不是換過來就是換過去。

爺爺給的一克朗可不是什麼普普通通的一克朗，而是魔法克朗，也就是免費或不用錢的一克朗，除了變魔術所花費的力氣之外，沒有讓爺爺付出任何代價，卻照樣具有和所有克朗硬幣一樣購買的效力。所以說早在那個時候，就已經有可與我們這個時代的加密貨幣相提並論的東西存在了。

爺爺只在星期天變硬幣魔術，當然也不是每個星期天。他是一名鐘錶匠，在黑格德山丘街[3]的最尾端自己經營一家氣派的鐘錶店，店鋪後方附有工作坊；原址至今依然有一個大鐘，就掛在一家現代服飾店外頭的街道上。

過去我們有機會跟著進到工作坊裡面，並細瞧**行進中**的手錶內部呢！那些不斷運動的細小彈簧和齒輪，能讓人聯想到一丁點大的昆蟲，或是某些更不易辨別的爬行生物所形成的密集群落。窺探進那些

1 挪威文：krone，貨幣單位，詞源為拉丁文的「王冠」（corona），為挪威、丹麥、瑞典、冰島及捷克的現行貨幣，各國幣值不同。

2 挪威文：øre，在挪威，單位為歐耳的各式面額硬幣已正式自二〇一二年五月起完全停止流通（一歐耳和二歐耳硬幣率先於一九七二年停止使用）。

3 挪威原文：Hegdehaugsveien，位在奧斯陸市中心的一條街道，鄰近王宮花園（Slottsparken）。

精細的鐘錶機械構造，就有如被披露了宇宙的最大奧祕之一，而爺爺正是監管這一切的大師。

整點的時候（最好是十二點）來訪鐘錶店是最好玩的了，因為在這個時間點，店內和外頭儲藏室裡的所有掛鐘都會同時作響，布穀鳥鐘裡的布穀鳥也全都會傾巢探出頭來，咕咕地齊聲鳴唱；雖然不是所有的鐘都會分秒不差地同時響起，並非一直都是，有幾個會搶在這場盛大音樂會前早幾秒偷跑，有些則是會遲頓了幾秒鐘才開始。這些小誤差大概是最可貴的了。當遇到只有一個掛鐘忽然連續敲響十二下——然後就沒了，剩下的鐘沒有一個隨之發出聲音，我們會因而哈哈大笑；其他的鐘全都一聲也敲不出來了，某個掛鐘才在好幾秒過後開始響，這也會惹得我們捧腹。爺爺會很仔細地留意，我想等我們一出店面，他便會立刻晃一圈重新調整時鐘的時間，這是他每日下午都可能執行的例行公事。

關於我的爺爺，還有另一件重要的事要說，一件我正式長大成人後想過很多次的事情。在爺爺奶奶家的客廳裡，掛著一幅題材為城鎮的裱框畫，這幅城鎮畫作的中央有一座教堂塔樓，塔頂理所當然有一個教堂的鐘；不過，這座塔上鑲著的鐘是一個普通的時鐘，僅比懷錶大一點點而已。所以說，該幅畫——懸掛在爺爺奶奶的鋼琴上方——的作用既是藝術品，也是客廳的時鐘。在這幅畫裡頭**萬事**俱備，我指的是對我爺爺來說重要的所有事物：城鎮、教堂，以及時鐘。

我曾多次想起，在我寫的故事裡，譬如《紙牌的祕密》或《依麗莎白的祕密》，故事中大多都有另外一段以上的故事，就好比中國套盒[4]，或世界中的世界；我也自問過，造成此種情形的部分因素，有沒有可能是爺爺奶奶客廳鋼琴上方那幅年代久遠的畫。就連那些在爺爺的工作坊裡被打開，好讓我一窺獨特神祕天地的鐘錶，也很可能產生了影響。

4　一系列一個套著另一個、尺寸遞減的盒子，概念同俄羅斯娃娃。

我這裡想表達的重點主要是，爺爺所耍的硬幣花招促使了我成為一名小魔術師。我們今天有點自作聰明地稱作「手指靈活度」的能力，當然與爺爺長年身為鐘錶匠的經驗息息相關，那種能力就掌握在他的雙手裡；若是能形容哪個人擁有一雙神奇之手的話，那非我的爺爺莫屬了。

因著我自身對魔術的癡迷，爺爺去世短短幾年後，我歷經數小時練習，有天終於能夠在父母和兄弟姊妹面前，表演自己第一場的魔術；演出內容是一些我讀到的，或看過別人表演的精選把戲。有幾個計畫得最縝密的戲法是我自己發明的，而在上門光顧市內首屈一指的魔術道具專賣店「艾格魯」[5]後，我對魔術的熱情發展出了新的層面。

當時的我當然很清楚「魔術」純屬手段的操縱、欺瞞迷惑，或者我們所貼切稱呼的幻覺技法[6]；儘管如此，在幾場我所見識過的專業魔術秀中，例如在學校聖誕派對看到的，我的信心卻依舊會有所動搖。而這畢竟正是魔術的意義所在——我們就是要受騙上當，誤以為自己經歷了某種超自然事件。

5 挪威原文 EGELO，一九六〇年代至一九九九年間由挪威魔術師艾吉爾·貝爾格（Egil Berg, 1932–2015）於奧斯陸開設，店名即為他本人之藝名。

6 挪威原文：illusjonisme，英文：illusionism，另譯為「幻覺主義」、「幻覺論」，專以指藝術的形式，著重在藉由以假亂真的獨特手法試圖欺騙觀眾的感官，使他們分不清作品真假虛實。

〈超心理學〉

十三、四歲時，我對魔術的童真興趣告一段落，轉而投入超心理學，著迷程度可不輸前者。超心理學指的是一些現象，譬如我們已提過的心電感應或傳遞思想、預知或預見未來的能力，以及所謂的透視或靈視，像是能知道不可能以正常方式得知的事件。當我們提到某個人擁有「特異功能」，通常想到的就是展現出這類隱藏知識的能力。

這三種現象——萬一證明為真的話——全都歸在ESP這個術語之下，在我年輕時，這個術語曾為學者所研究，還有一大批書籍皆針對此主題而寫。ESP是Extra-Sensory Perception的縮寫，意即「超感官」知覺；不過就這方面來說，「知覺」[1]一詞倒是用得有些過頭了，稱為超感官「認知」[2]可能會比較恰當。

問題是，讓我們不靠感官就能接獲的任何一種洞見（例如關於未來會發生什麼事），是有可能的嗎？（天氣預報和其他類似的預測未來局面等，並不在我的考慮之內。）

要是有可能得知關於未來的任何事，那的確得靠「超感官」的方式——因為時間僅單向流動。物理學家沒辦法確切解釋為什麼，但時間只朝向前方，哪怕是物理學中最小的粒子也無法在時間裡往後移動，連一微秒都不行，因此光也做不到。

除了那三種可能的現象之外，超心理學還涉及所謂的念力[3]，就是藉由心理或精神手段來影響物理狀態的能力。

玩擲骰子的時候，我們很多人都試過要骰子落在顯示特定點數的一面，比方說六點——或者在「快艇骰子」[4]遊戲裡最好是出現五個六！而這萬一是真實的現象，也就是能實現的事，那就會歸類於念力這個專門名稱之下。

別說是能寄予希望了，超心理學是否為可信的事呢？

我之所以這麼表達，乃是因為打從超心理學發展史的第一刻起，便存在著一種渴望，想要證明得了「人類擁有某種人格核心」的可能性——或至少增加其可信度；那種人格核心，換句話說就是自由自在的「靈魂」或「精神」，有可能倖免於肉體的消亡。

上個世紀上半葉發生了兩次世界大戰，數以千萬計的人命殞落，更多人痛失至親，這很有可能助長了人們對超心理學的興趣。而由於我對自己僅身為世界的匆匆過客感到鬱鬱寡歡，超心理學的研究計畫中有些東西吸引了我。

我讀到超心理學的時候，學界仍以一定開放的態度看待這類非

1 挪威文：persepsjon，英文：perception，透過「感官」接收外界刺激與資訊的能力。

2 挪威文：erkjennelse，英文：cognition，經由意識心理活動而對事物產生認識與理解。

3 挪威文：psykokinese，英文：psychokinesis，又譯為「念動力」、「以心移物」。

4 一九五六年於美國上市的一款骰子遊戲，玩家投擲五個骰子來判斷得分，北歐盛行的遊戲版本與美國原版有些規則差異。

凡現象。在挪威，哈拉爾．謝爾德魯普[5]寫了《隱藏的人》（*Det skjulte menneske*, 1961）這本關於超心理學現象的書；他同時也是值得崇敬的《心理學導論》（*Innføring i psykologi*）一書作者，此部導論為哲學預備考試[6]必修教材之一，哲學預備考試又稱 ex.phil. 或 examen philosophicum，正是當時進入大學教育的途徑。

現今情況有所不同了，人們愛相信什麼就信什麼；但在學術界，大家幾乎一致認為，要讓超心理學現象獲得任何形式的科學證實是不可能的。

一些人經歷「超感官」事件的種種故事依舊盛行，尤其是在大眾文化中，不過諸如此類的軼聞不再於科學界中占有一席之地；它們所反映的或許主要是人類的白日夢，而就我自己來說吧，我可以補充：就算已經絲毫不再相信那種事情了，我也還是會喜歡閱讀「超自然現象」。

捍衛超心理學事件的人，也就是宗教信仰人士，就他們那方聲稱，這類現象本質上恰恰是自發性或非因果性的，因此既無法以科學方法證明為真，也不能證明為假。

事情就是這樣，目前為止對超感官知覺有了一番認識後，我們可以來想像一小段電影片段了。究竟是心理驚悚片還是單純的黑幫電影，我還沒決定好，倒是可能兩者都有一點；不論類型為何，這必定是一部所謂的B級片：

一對衣著優雅講究的男女連袂步上大理石階梯，來到一家高檔賭場。男人身著無尾禮服，胸前口袋夾著白色絲綢手帕；女人穿著一件

5 Harald Schjelderup（1895–1974），挪威物理學家、心理學家兼哲學家，於一九二八年成為挪威第一位心理學教授。

6 一六七五年於丹麥挪威聯合王國（Danmark-Norge）的哥本哈根大學率先施行，為所有科系的學生在進入各科專門領域之前皆需通過的考試，旨在訓練學術研究必要的哲學性邏輯及批判思維；現代丹麥已於一九七一將之廢除，唯挪威的大學迄今還保有該制度（必修課縮短至一學期）。

帶有黑色亮片的鮮紅色連衣裙，脖子和手腕上環繞著一顆顆又大又沉的寶石。

他們在樓梯最頂部的平臺停下腳步，瞥了一眼入口大門旁柱子上掛著的裱框小告示牌。電影鏡頭拉近，畫面定格在告示牌，上面寫著以下請求：「謝絕特異功能者光臨本賭場。」

鏡頭捕捉到女人的臉，她對自己的男伴眨了眨眼（或許也對著鏡頭眨了一眼？），一抹淘氣的微笑掠過她的紅唇；男人毅然地點頭以對，將菸熄在一個裝滿沙的陶製大菸灰缸裡。

這兩人（電影中的反派或英雄）被領進一間寬敞的衣帽間，從地板延伸至天花板的牆面都是鏡子。現場顯然沒有人見過他們，不過一名服務生上前迎接，從銀光閃閃的托盤中為他們奉上一杯香檳。

接下來，電影一幕幕展示出兩人玩輪盤贏得鉅額獎金的過程，愈來愈引起莊荷的關切。把籌碼放到檯面上的始終都是女方，她賭注下得很重，不時將整塔的籌碼押在三十六個格子中的單獨一格上，她贏了又贏、百押百勝，彷彿事先就知道球最後會落入輪盤中的哪個確切位置。

她具有特殊能力嗎？在關鍵的幾秒前提早知道球的去向，是因為她有發達的預知才能嗎？還是說，是她在藉由念力操控著球的走向？

這時候，電影必須由兩條可能的發展擇一演下去：要麼是截至目前所發生的事情依舊有個理所當然的解釋，譬如女人和莊荷之間巧妙私通，說穿了就是不折不扣的作弊耍詐，近似於最頂級的魔術戲法；不是的話，這部電影就是一部純粹的喜劇片。

故事的開頭說實在的就恰恰不可信了——世上沒有哪間賭場的入口處會掛著告示牌，懇求擁有特異功能的人都敬請離得遠遠的，沒有必要提出這樣的要求。

〈超自然事物〉

許多所謂的神祕學[1]，意即有關隱藏力量或超自然現象的觀念見解，都不在我們所稱的超心理學的範疇。

天體於蒼穹中的位置（比方說在出生的那一刻）可以說明人的一生和命運——這樣的古老觀念，也就是所謂的占星學，至今依舊長盛不衰。然而在占星學這方面，一如其餘的神祕學領域，卻存在著流動不定的界線，介於深信不疑、聚會遊戲以及娛樂消遣之間。

說到一般的占卜術，可能值得留意的一點是，它們主要都在解釋

1 挪威文：okkultisme，英文：occultism，與另一相似概念「神祕主義」（mysticism）的主要差別在於，後者通常帶有較強烈的宗教意涵（尤其基督教），前者則否。

本質上恰恰模糊不清的事物，像是星星在天空中的位置、鳥的飛行路線、手掌上的紋路、咖啡渣的圖案，或紙牌在一副牌組裡面的順序。

約莫十或十一歲開始，我自己便不再置信於這類事情，大約是在我成為引人矚目的魔術師的同時；不過，當我坐在等候室裡閒著無聊的時候，倒還是可能會閱讀週報上的本週星座運勢。

我這一代有許多人，把對於超自然事物的最後一絲希望，寄託在出奇的偶然或「巧合」，也稱為**共時性**（Synchronizität）。該概念由獨樹一幟的精神科醫師卡爾・古斯塔夫・榮格[2]提出，他將這種現象解釋為「兩起事件同時發生，不帶因果關聯卻表達出有意義的巧合」，或者也解釋為「兩起或多起沒有因果關係、但具有相同或相似意義的事件，於時間上發生巧合」。

所有人大概都經歷過幾次這樣的驚人巧合。要是把這些巧合都集結起來，比方說因為巧合滿足人們非得相信什麼的需求，那麼它們應驗的頻率恐怕顯得比實際上還高得多；就宛如抽獎彩券，唯有中獎的那些彩券才會被看見。

有一部廣受閱讀的論說文，既談到超心理學，也探討共時性，那就是阿瑟・庫斯勒[3]的《巧合的根源》（*The Roots of Coincidence, 1972*）。在這部論作，庫斯勒試圖把許多人眼中的超自然現象連結到了現代物理學；他把原子物理學與世界本身闡述成幽靈般的事物，這麼做的同時，是想賦予超自然事物一個可信的解釋。如今，就連這樣的嘗試也被多數人視為過時了，原子物理學中並無任何證據顯示「超感官知覺」乃貨真價實。

2 Carl Gustav Jung（1875–1961），瑞士心理學家及精神科醫師，分析心理學的創始者。

3 Arthur Koestler（1905–1983），匈牙利猶太裔英國作家、記者兼批評家，其控訴史達林主義的著名政治小說《黑色的烈日》（*Darkness at Noon*）曾名列美國現代圖書公司（Modern Library）二十世紀百大英語小說。

另一種古老現象，大概就跟人類本身一樣老，是所謂的幽靈或超自然生物的「具象化」，例如死者的靈魂、神聖生物、天使，或妖精與山怪。到了近代，與死者接觸的想法在招魂術中變得尤為關鍵。

在招魂的降神會期間，通常都是藉助所謂的靈媒，才得以接觸死者的靈魂；不過就算不靠這類儀式，還是有多得不勝枚舉的故事，有些人能侃侃描述死者猝不及防地顯靈，或甚至是來自另一個現實的超自然生物突如其來地現形。

我在《庇里牛斯山的城堡》這部小說寫到這類現象。故事是關於斯坦（Steinn）和蘇倫（Solrun），很久以前這兩人曾一起生活，相愛得如膠似漆；可是在一次國內旅遊的開車途中，他們卻經歷了某件令人震驚的事、一件教人忐忑難安又神祕的事，這事他倆誰也解釋不了，但最終各自卻產生了天差地遠的解讀，導致這對戀人從此不得不分道揚鑣。

時隔多年，他們剛好於那起莫名事件的發生地再次相遇——又一次巧合！而這下子隨之而來的，便是一場兩個相異世界觀之間的對話。最後，再度發生了一起令人心神不寧的巧合……。

在這則故事的框架內，我並不覺得自己更支持斯坦的自然科學論，而較不支持蘇倫對於這幾十年前發生之事的超自然詮釋，況且在書裡，最後說了算的人某種程度上也是蘇倫。

然而對我來說，這則寓言首要是在討論，人類可能懷有過剩的信仰觀念，以及我們有時可能「看到」的，比周遭實際存在的事物更多一些。

有次我和一位好友聊到這類問題，她從不是那類我覺得會迷信的人；但她認為我不應該這麼有把握，接著有些不情願地講起故事，愈講愈是投入：

和某任情人分手後，她有一段時間很難過，在山上的一座舊農舍住了幾天。那期間，有一次她從客廳窗戶往外望，看了一眼牧草地，突然非常清楚地目睹兩道身影穿過外頭的院子，其中一個略高於另一個，但兩個都很矮小，有如胡覯[4]一般。她目不轉睛地盯著祂們，視線跟著移動了短短幾秒——然後祂們就不見了。

關於兩個形體的高度，她可是十分篤定，因為院子上方掛著一條曬衣繩，在離地僅僅一米多的空中搖曳，而兩隻超自然生物皆從繩子下方走過，腰都不用彎一下。

我坐著全神貫注地傾聽她訴說。她成功重現了圍繞著自身經歷的詭譎氣氛，我覺得她講了一段很美、很動人的故事，並確信她是真誠的，說的是實話。

過了一會，我聽見自己問道：「要是當時妳手上有一臺攝影機，妳覺得能錄下所看到的景象嗎？」

這段對話發生的年代，要比有智慧型手機的時代還早得多。

她坐著，面無一絲表情，最後才若有似無地搖搖頭說：「不，大概不行吧……」

她彷彿漸漸領悟到了什麼事情似的。

我們說眼見為真，可是當親眼見到時，我們也不總是都得相信所見的事情是真的。

說自己看過鬼的人，並非全都在說謊。

就連《西西莉亞的世界》這本我在你們任何一人出生很久以前寫的書，也同樣含有一種敘事中的敘事——差不多類似掛在爺爺奶奶鋼琴上方的老舊畫作中教堂塔頂的時鐘。

西西莉亞·斯各特布[5]病臥在自己的房間裡，幾乎確定時日無多

4 挪威文：hulder，又譯「胡睹」，挪威民間傳說中的一種女性超自然生物，生活在森林或山上，相傳美麗動人，但拖著一條牛尾；詞源為古冰島文 hylja，意為「躲藏」。

5 Cecilie Skotbu，足智文化出版之中譯本《西西莉亞的世界》中，主角名中譯為「西西莉亞·史卡布」；譯者認為該音譯與主角姓氏原文 Skotbu 之挪威語發音有所相差，因而予以重譯。

了。在她的身邊，讀者可以看到她的父母、弟弟拉瑟[6]、外公外婆，還有朋友瑪麗安娜圍繞著；不過當西西莉亞獨自在房裡時，特別是晚上，另外還有天使艾瑞兒會來拜訪她。

艾瑞兒試著要了解，身為一個有血有肉的人是怎麼一回事，西西莉亞則是想讓艾瑞兒透露一些天上的祕密。就這樣，一場天與地、時間與永恆之間的相會逐漸展開……

可是西西莉亞真的遇見天使了嗎？故事的作者又真的相信這種事情嗎？我被要求過回答這類問題很多次，基本上向來都不是什麼艱鉅挑戰。

我可從未想過，這個故事的前提會是相不相信有天使。這場天地之間的難得相會，完全可能是在西西莉亞的思想意識內發生的，例如在她的睡夢中；此外她也服用大量藥物，而時間與永恆之間的對比，可一點都不會因此就變得比較站不住腳。

於是在寫這本書的過程中，便有兩個手法我覺得很重要：家裡其他人當然從來都不能見到艾瑞兒，短短一瞥也不行，這會壞了整個故事；不過最重要的是，我必須確保，天使的話語和論點，始終都局限於可能從西西莉亞自身意識的想像產生的思維框架內。

西西莉亞（錯誤地）以為艾瑞兒擁有獨立意識，或者是一個獨立的存在。這可以對照我所夢見的那位在野外森林小路上邂逅的高大男子；有關宇宙中星系的數量，這名「讀心者」當時所能夠告訴我的資訊，絲毫不會比我——在最佳情況下——能靠自己想出來的更多。艾瑞兒沒辦法透露半點西西莉亞無法理解的「天機」，也是因為這樣，這個對天使打破砂鍋問到底的過程有點緩慢，西西莉亞的問題超出艾瑞兒的回答能耐。

她向天使提出一連串錯綜複雜的問題，天使給出的某些答案則令

6 Lasse，足智文化譯本所使用譯名為「賴斯」，考量此音譯同樣不符合挪威語發音予以重譯。

她吃驚；雖然說到頭來，讓西西莉亞感到訝異的也許就是她自己。

我的許多著作都有這類的幻想層面，因為人類的想像力一向令我著迷；不過每一個幻想都是**某人**的幻想，這個簡單的原則一直被我當作一項文學方針。

我總是必須把故事的想像層面「綁定」在一個特定的人身上，如此一來，才會同時有心理或感性的面向被帶入幻想中。若少了這個手法，結果就只會變成「奇幻文學」（或者我覺得是空轉的幻想），換句話說就是一種完全流動不定、沒有框架的文學類型，對此我一向都是興趣缺缺。

朋友講完兩個超自然生物經過農舍前院的強烈景象後，我更貼近她一點了。這個故事展現了她心靈的某些東西、某種很私人的東西——進而也觸動到某個深刻的人性共同點。

幻想和香水說不定是一樣的道理：若要我欣賞香水的氣味，那得是從活人的皮膚所散發的；若要我對哪個奇幻故事留下印象，那得帶有相應的個體人性色彩。

這大概就是為什麼有女人會說，她找到了自己的理想香水——或說這款香味是「我的」；這大概也是香水店通常會將產品試擦在顧客手腕上的原因。

原始香水的刺鼻氣味，意即「開瓶即聞」、未接觸皮膚，只會令我感到噁心。

奇蹟故事與超自然啟示的見證，不僅僅是傳說及民間信仰中的一貫成分，這類「啟示信仰」還形成世界各宗教的基礎，照這麼看來，也促使那些宗教能被視為以人性為根本的事物。

如果我們接下來要正經八百地討論超自然生物是否真的存在，我也認為這是我們該做的事，我會以稍微不同的方式表達：

一直以來，人類對於超自然生物的想像萬千；然而在人類歷史中，卻或許從不曾有這類生物向誰或哪群人現身，或是以任何方式來宣告，原因可能再簡單不過了，就是這樣的生物不存在。

你我不能排除「有關超自然現象的想法全都純屬人的想像，毫無除了人本身以外的依據」這個可能性。相對地，這類想像在人的身上享有滋長的沃土，可能的關鍵因素有好幾個：人類如泉湧般的想像力、我們與生俱來的那股就連在找不到的情況下也要追尋隱藏關聯的強烈渴求，還有也許尤其是你我對於要接受生命總有一天會結束並化成一大場空的那種抵死不從的態度。

我們恐怕永遠不會停止想像超自然事物，因為你我皆為人。

因此，親愛的雷歐、歐若拉、諾亞、艾爾巴、尤莉亞和毛尼，要是你們當中有誰沒在生命過程中——至少在人生的某些部分——變得相信某些超自然事物的話，我會感到很意外，我也不會事先提醒你們要小心別落入此類信仰。（也許只會心生一點嫉妒……）

告誡人不要有信仰或迷信，簡直就跟要人不能建立友誼、戀愛或對大自然有強烈感受沒兩樣。幾乎沒有什麼是比這些情感更加人性的，也幾乎沒有什麼是比信仰觀念更為人性的了。

不過，丹麥牧師兼讚美詩人葛龍維[7]強調了一點，至今聽起來依然很有道理。他寫道：「先為人，而後乃為基督徒。」在今天的丹麥，他也有可能會說：「先為人，而後乃為穆斯林。」

或者也可以說（因為這個提醒大概同樣重要）：「先為人，而後乃為無神論者。」就連無神論者也可能身陷狂熱而表現得心胸狹隘、「沒有人性」，不只是這樣，就連他們也有可能出錯。談到信仰這回事，我們都是沒有結論的無頭蒼蠅。

7 Nikolai Frederik Severin Grundtvig（1783–1872），常縮寫為 N.F.S. Grundtvig；丹麥牧師、讚美詩人、作家、哲學家、歷史學家及政治家，為十九世紀丹麥國族認同發展的重要推手。

但無論我們要怎麼相信或認為，重要的或許是謹記你我首先皆為人。

我願意更進一步地說：你我**自始至終**皆為人。我們一絲不掛地來到人間，沒有攜帶任何行李（除了一組說明我們是誰的基因）；又將一如來時那般赤身裸體、兩手空空地離世。

不過我倒是有條不容忽略的主線。

到訪奇幻世界、卻迷失於時間流逝中的那次興高采烈的經歷一直揮之不去，我在這個經驗缺乏和解層面的情況下結束了少年歲月。

所謂的超心理學，就只是把事情搞得撲朔迷離而已，除了向我展示不存在地區的地圖之外，什麼都沒辦到。唯一一個真正的奇蹟，乃是有一個世界存在。

所以我又得轉換焦點了，這次是針對自然、宇宙以及我們所生活的地球。

〈地球〉

在我滿十六歲的年末，攝影史上極具意義的一張照片被拍攝了。影像是在一九六八年的平安夜從太空船阿波羅8號（Apollo 8）——剛繞行了月球背面——拍下來的，畫面顯現我們的這顆藍色星球正於空中聳然地上升。

照片被命名為《地出》（*Earthrise*），其實是一個有點誤導的標題。由於月球總是以同一面向著地球，地球並不會如月球越過地球的地平線緩緩升空那樣，從月球的地平線升起；這顆藍綠色的星球就只是處於或高掛在月球貧瘠地貌的上空，雖然說相位會不斷更迭，就跟從地球表面所看到的月亮差不多。

是從阿波羅8號的太空人角度來看，當太空船從月球背面探出時，地球才猶如月球地平線之上的「地出」一般逐漸映入眼簾。

阿波羅8號的航行，是太空船首次載人繞著月球軌道運行，能從另一個天體的邊緣看著我們自己的星球，對人類而言同是破天荒。

後來，參與這趟歷史性航行的太空人被問到，最印象深刻的是什麼事情。眾所期待的答案：肯定是他們作為有史以來第一批繞月球軌道航行的人類，還能近距離俯瞰月球的隕石坑；沒想到三名太空人卻一致認為，唯一真正令他們難掩內心激動的，是與死氣沉沉的月球景色大相逕庭的藍色星球景象。

半個世紀後，在這張別具歷史意義照片的五十週年紀念日，其中一位太空人威廉．安德斯（William Anders）——也就是當時拍照的那名成員，還曾擔任美國駐挪威大使——表示：「我們出發去探索月球，卻反而發現了地球。」

許多人都主張過，《地出》應該被視為現代環境運動所景仰的純正聖像。

一九九〇年二月十四日，這天成了新一個同樣值得人類紀念的日子。那時，一九七七年九月所發射的太空探測器航海家1號（Voyager 1），在探索了木星和土星之後，正在駛出太陽系的路上；但應美國天文學家卡爾・薩根（Carl Sagan）要求，太空船的相機紛紛被轉向對準太陽，以拍攝太陽系諸行星的最後一張「全家福」。那實際上是整整一系列的照片，後來才被組成一張相連的從外部拍攝的太陽系肖像。

其中一張照片，地球看起來就像是一個淡藍色的小圓點，即Pale Blue Dot，這成了照片的名稱[1]，後來也成為同一位天文學家薩根所寫的一本書名[2]。在當時和現在，航海家1號皆為太空中離我們最遙

1 中文譯名為《暗淡藍點》、《蒼藍小點》或《淡藍小點》。

2 完整書名為 *Pale Blue Dot: A Vision of the Human Future in Space*，中譯本《淡藍色的小圓點：尋找人類未來新願景》由美籍華裔天文學家丘宏義翻譯，足智文化於二〇一九年出版。

遠的人造物體，也大概永遠都不會被任何其他人造物體追上。

自二〇一二年八月起，航海家1號進到了遙遠的星際空間，繼續其穿越銀河系的航行。它需要大約四萬年的時間才能接近新的一顆恆星，其承載的最後一批儀器將會早在二〇三〇年左右停止運作，不過探測器攜帶著一張內容豐富的唱片，上頭含有關於我們星球上自然與文化的各式各樣訊息。我們僅能幻想，數千或數百萬年後的將來，這些訊息終會被外太空的某些智慧生物接收到，屆時或許會作為一種時代見證，證明很久、很久以前曾在這地球上蓬勃一時的生命與文明。

照片上那幾乎看不見的圓點，是從超過六十億公里，約五點五光時的距離所拍攝的。這張於情人節當天以航海家1號的長焦鏡頭所拍下的照片，由六十四萬畫素所組成；可是隔著這樣的距離，那個淡藍色圓點——我們的世界、我們的星球、我們的家——卻連一畫素都不到，才零點一二畫素而已呢！

人類窺望了宇宙數千年的時間，而在過去的一百年內，所使用的望遠鏡倍率愈來愈高。接著，我們突然就有能力把望遠鏡轉過來，回望我們自己了。

我們也在宇宙中的隨機一點發現了微渺一點的星球。這向我們呼籲著該謙卑，向我們呼籲著該愛護我們所生活的這渺小一點。

每當我看著這一點塵粒大小的物體時，都會心想：我就在那裡耶！我不僅想到，自己就藏匿在這幾乎快看不到的小點上的某處，還想過，我**就是**這一點；因為它顯得如此微小，考慮上頭哪裡有藏身之處，似乎是很荒謬的一件事。

照片拍攝時間為一九九〇年的冬天，那時的我正坐在卑爾根（Bergen）郊外大米爾德區（Store Milde）的某間車庫裡，寫著《紙牌的祕密》一書。我記得那個冬天自己常常在深夜外出散步，仰望點點繁星。我不會說自己看見了航海家1號，但我倒是凝望了宇宙……

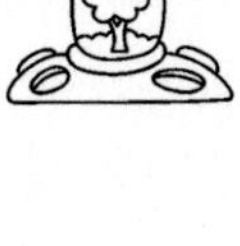

〈精密時計〉

在《紙牌的祕密》裡，我所講的故事關於一場船難，或者更準確地說是兩場，第一場發生於一七九〇年，第二場則發生在五十二年後⋯⋯

在我們回到外太空的話題以前，我要先加入一個章節，來講講從前的大航海時代，以及丈量我們自己的星球並繪製其地圖這件事。就連在這方面，製作鐘錶的技藝據說同樣也至關重要，我便會想，不曉得我的爺爺對那段歷史的了解有多深，想必是瞭若指掌吧。二十世紀初，他作為剛出師的鐘錶匠在當時的貿易和航運重鎮通斯堡[1]工作了

1 Tønsberg，位於奧斯陸西南方約一百公里處、奧斯陸峽灣（Oslofjorden）之西側，九世紀以前便已建立，被視為挪威最古老城市。

幾年。

十七及十八世紀，當一艘艘大帆船橫渡世界各大洋的同時，知道自己每時每刻身處地球的哪個位置，當然就非常重要。就連在比較短的航程，例如從西班牙到英國，船員須具備的一項必不可少的技術也都是要不偏不倚地抵達目的地，比如說某個特定的英國海港城市，而不是偏離航線而觸礁。後者很可能會帶來慘重後果；許多船難奪走了數以千計船員的性命，更不用說船上載著的那些貴重貨物也損失了。

要計算緯度，意即一個人的位置多南或多北，並不是什麼高深莫測的技藝；僅需趁太陽位於天空最高點時測量其仰角，入夜後則是在看得見北極星的情況下測量其仰角。

然而，如何才能計算經度，從而找出一個人的位置多東或多西呢？

對此，沒人有什麼好答案，不過在一六七五年，約翰・佛蘭斯蒂德（John Flamsteed）被任命為英格蘭首任皇家天文學家，受命解決該航海強國所面臨的最大挑戰——「經度問題」。為此，他需要一座天文臺，在破紀錄的短短時間內，倫敦東南部格林威治公園裡的一座山丘上便建起了一座；那個地方先前矗立著一座塔樓，樓頂能眺望泰晤士河，還可以隱約瞥見遠方的倫敦。

為了確定海上的經度，最理想的情況是能編製出太陽、月亮和星星在空中的精確位置圖表；可是這樣的話，船上就得多載一位天文學家，而且天空最好是要萬里無雲。

除了靠星星確定航向之外，還有沒有其他計算海上經度的方法呢？

自古以來，人們就懂得將一個球體劃分成三百六十度，而地球繞自身的軸旋轉一周需要二十四小時。換算下來即每小時轉十五度，一度也就相當於四分鐘……

這原則上就是說，只要船上有個時鐘，能分秒不差地顯示船駛離的港口目前幾點了，再加上一個每日調整而顯示海上正確太陽時的時鐘；如此一來，要準確算出船的位置是向東或向西多少度和幾分鐘，便也會是小菜一碟了。

以格林威治這個地點為例，太陽位於空中最高點一小時後，它便會在格林威治以西十五度達到同樣那個「正午高度」[2]，一小時後又會於該地以西十五度來到高點——比方說在一艘橫跨大西洋前往美洲途中的帆船上。（紐約的位置幾乎是不偏不倚地落在格林威治以西七十五度上，因而比我們後來所稱的格林威治標準時間〔Greenwich Mean Time〕還慢五小時。）

只要有一個精準顯示船起錨出航的港口當地時間的船鐘，任何人都可以輕而易舉地計算出船向東或向西航行了多少度。

問題僅只在於：這麼準確的船鐘，在十七世紀可是任誰做夢也想像不到的。對那個時代而言，想像有這樣神奇的時鐘，就跟幻想有可以繞月球航行的船，或想像有能發射到外太空並從太陽系最外緣那端回看地球的望遠鏡一樣，顯得徒勞無功。

一七一四年，在發生了接二連三的致命船難以後，英國國會設立了經度委員會（Board of Longitude），同時懸賞兩萬英鎊，以茲獎勵能提出計算海上經度之方法者，誤差不得超過半度。那可是一筆鉅額獎金，相當於今日的好幾百萬英鎊。

於是多年來，經度委員會收到了一個接一個創意十足的提議；部分建議具有神祕學的性質；但也有些主意，是關於完全不可能執行的實際措施。

很長一段時間，那些最認真試圖解決經度問題的方法，都是基於一絲不苟地觀測天體運動。仍然無人相信會有精準的船鐘這種東西。

2 middagshøyde，太陽在正中午時離地平線的距離。

然而，木匠之子約翰．哈里森（John Harrison）卻默默研發出恰恰這樣一款鐘；經度委員會成立近六十年後，幾經評審反覆考量才終於決定獲獎者就是他。他製作出一種船鐘，或稱「精密時計」，在海上準確又耐用，可以隨時讓人知道格林威治幾點了。有了這個，要確切知道自己身在地球哪個位置，計算當地的當日時間就夠了。

這位無師自通的鐘錶匠竭盡一生試驗各式各樣的船鐘，但他的初衷倒是再簡單不過了：告訴我格林威治幾點，我便將告訴你你身處何方。

大概還要再經過百年，世界各國才會對地球經線和時區的位置達成共識；不過，在一八八四年於華盛頓舉辦的國際子午線會議（International Meridian Conference），地球的零度經線最終確定將經過坐落在格林威治的古老天文臺。

世界需要一套通用的計時體系，包含規畫好的時區。在那之前，所有社群指涉當地時間的作法，向來是以太陽的正午高度作為基準點：正中午時，也就是十二點，太陽便會位處南方；任何其他陳述時間的方式皆不被需要。以前的人在當地社群裡約定成俗，而且沒辦法在一天之內往東或往西大幅移動，不論是步行還是驅車駕馬。

太陽中午會經過哪個地標的資訊被代代相傳，而這個默許的協議不受干擾地長存，直至十九及二十世紀間鐵路被修建為止。隨著這種新型交通工具問世，才出現了對於新的時間表達的需求。

人們可以隨意保留自己地方上的計時方式，不過全國性「鐵路時間」的需求倒是出現了。事實上，為了制定出明訂啟程時間——無論往返或途經哪些城市——的全國性時刻表，全國性「鐵路時間」可是一項先決條件。

無獨有偶，隨著電報與電話日益發達，一套細分成各個界定明確時區的「世界時」[3]，對世界來說也成了必要條件。不論你是住在卑

3 挪威原文：universaltid，英文：universal time，也譯為「國際標準時」。

爾根還是希爾克內斯[4]，挪威都是位於倫敦以東一小時的範圍；當卑爾根線（Bergensbanen）於一九〇九年開通時，整段卑爾根與克里斯蒂安尼亞[5]之間的路線也是使用同一個時刻表。

確切知道幾點幾分，成了一件具有實際利用價值的事。

一七七二年，英國船長詹姆士．庫克[6]在展開他的第二次探索之旅時，攜帶了哈里森精密時計的精確複製品，還毫不隱諱地誇耀船鐘作為導航工具有多重要。

庫克能繪製出首批準確得讓人吃驚的太平洋島嶼地圖，就是靠船鐘的幫助。這名探險家在自己的日記裡一遍又一遍地寫下：「我等值得信賴的朋友，船鐘」以及「我等永不辜負的嚮導，船鐘」。

船長一次次的遠征探勘，可不僅是繪製了太平洋島嶼的地圖而已。在他首次的探索之航中，確切地說於一七六九年六月三日，他前往大溪地（Tahiti）考察，觀測一種罕見的天文現象——所謂的金星凌日；指的是金星這顆行星從太陽盤面前方經過。

當時人們已知有六顆行星繞著太陽軌道運行，但對於太陽系的範圍以英里或公里為單位測量起來有多大，卻沒人有半點概念。

早在一七一六年，英國天文學家愛德蒙．哈雷[7]就了解到，從地球上數個不同地點觀測金星凌日，就可以計算出到金星的距離。如此一來，要對太陽系本身的大小有一定概念，說不定便不再是遙不可及了。

---

4 Kirkenes，挪威北部市鎮，靠近挪威、芬蘭與俄羅斯交界處，名稱由「教堂」（kirke）與「岬角」（nes）兩字組成。

5 Christiania（或挪威化拼寫：Kristiania），奧斯陸於一六二四至一九二四年間長達三百年的舊稱。

6 James Cook（1728–1779），英國航海家，三度出海前往太平洋，自有紀錄以來首批登陸澳洲東岸和夏威夷群島的歐洲人。

7 Edmond Halley（1656–1742），英國物理學家、數學家、天文學家、地理學家及氣象學家，率先計算出哈雷彗星的公轉軌道並預測其回歸，該彗星之命名便是為了記念他。

也就是說，庫克船長不僅身為最早繪製太平洋島嶼地圖的其中一人，還為首次丈量太陽系做出了貢獻。

〈時間與空間〉

我們在辨別太空中的方位時，腦中必須同時有兩個想法：時間與空間。這兩個層面緊密相連，因為看向宇宙就等同回望過去。

即使是拍攝如我們自己的月球這般本地的物體，那幅影像也是一秒多以前的，因而屬於另一個時間，有別於我們自己的時間。太陽散發的光大約「遲到」八分鐘才會抵達我們這裡；航海家1號對著地球拍下的那張照片，也不算是即時影像的抓拍，畫面顯示的，乃是照片拍攝約五個半小時前，地球從太陽系邊緣看起來的樣子。

若是在我們的太陽系外探究方位的話，諸如此類的延誤便會加重。我們無從得知天上星星如今看起來的樣子，只能知道它們在很久以前、也許於久遠的過去所呈現的模樣。

我們說不定還沒能收到這類的宇宙「新聞」，某顆恆星就早已崩塌了。而當我們可以隱約看見來自銀河系之外全數星系的光時，要談到的時空距離，可是數百萬至千萬光年。

兩顆恆星（比方說位在同一個星座中）在我們的肉眼看來，很可能像是夜空中的近鄰，儘管它們實際上相距甚遠。其中一顆恆星所發出的光，可能只行經太空短短幾年；另一顆恆星的光，則搞不好行進了千年之久。

放諸四海而皆準的絕對「此時」，在宇宙裡是不存在的。我們不得不退而求其次，接受一種受限的「此時此地」，因為「此時」這個概念只對最鄰近我們的周遭範圍有意義，至少若是考慮到愛因斯坦的相對論的話。

宇宙中存在著多少個觀測點，就有多少個「現在」。並不存在任何共同的「現時面」將那些位置相連起來。

我們可以在戶外的雪地和石楠花叢間躺下，凝望這世界的夜空。（我們太少這麼做了！）你我大可指著天上的星星和星座，並描述所看到的景象：看那邊！……看哪！

然而，詢問眼下的宇宙整體看來**是**什麼樣子，卻幾乎沒有意義。宇宙才不是什麼「眼下」的東西；宇宙中的一切都正在發生或進行，而且是以光速進展。

不過，時空這個概念（即宇宙在時間與空間中的擴張程度）令人難以想像，不僅是由於光跑得慢吞吞；也是因為，恆星皆以狂速進行相互對應的運動。

更是因為，各星系正以爆炸性的速度飛馳分離。我們生活在一個不斷膨脹的宇宙中，這個宇宙始於近一百四十億年前的那場大爆炸[1]。

1　Big Bang，另一譯為「大霹靂」。

就連日常生活中，我們也必須在時間與空間裡辨認自身的位置。光是約定見面地點是不夠的，還得講清楚時間；不過，只要各方遵守約好的時空座標，就保證會見得到面。假如你我只是約定，下週某個時候可以在大學街[2]和卡爾約翰街[3]交會的轉角尋找對方身影，那可就不一定會相見了；說好於五月二十六日晚上七點半在奧斯陸碰面，也不怎麼充足。

一直以來皆如此，現在依舊是，不過近年來，人們在約定時倒不必像以前那般小心謹慎了——我們有了嶄新的輔助工具。我主要想到的是手機，有了它，修改約定細節變得更輕而易舉，見面地點也更容易找到了，而且它還具備一個十分準確的時鐘。

幾年前，雙方之一可能會忘記或搞錯了約會的確切時間或見面地點；這樣的誤會要是發生超過一次，便恐怕致使一段友誼或戀愛關係破裂。

其中一人可能在某個街角佇立，愈等愈火冒三丈，因為另一個人不是太晚出門，就是跑去了和約定地點稍有差距的街角。一個街區抑或十五分鐘的誤差，便可能讓彼此擦身而過。哪種差錯（是差了幾公尺還是幾分鐘）比較令人尷尬，這不太一定，可是後果卻並無二致。

現今，你我可在短短幾秒內透過手機重新安排約會，要麼傳簡訊，要麼打電話。我們能取笑其中一方記錯或遲到了幾分鐘，並且理所當然地認為，世界與我們的生活就是用這種彈性、可調整的方式來管理。

2 Universitetsgaten，奧斯陸市中心的一條街道，鄰近王宮花園，與下文的卡爾約翰街交會成一個斜倒T字形，奧斯陸大學法學院位於此轉角。

3 Karl Johans gate，被公認為奧斯陸的主要街道，從東南的中央車站（Oslo sentralstasjon）直通西北的王宮（Det kongelige slott）；以瑞典與挪威國王卡爾三世·約翰（Karl III Johan）而命名。

一九七〇年代初期，兩個人如果要在夏天的某個晚上見面，只要到城裡去說不定就會在街上遇到，不然就去某家咖啡廳晃晃；在我那個年代，能成為時下流行會面地點的咖啡廳只有三、四家而已。要是在那裡也沒碰到，搞不好會見到其他可以作伴的人，幸運一點的話，當中的誰還會很清楚她——就是一開始在找的那個人——這天晚上人在哪；口耳相傳發揮了作用。

當時的市區或許比今天還要小，但重點是那時可沒有手機。我們猶如自由紛飛的鳥，那也是相當美妙的一件事。

以前的我們更多是活在當下。書寫這段話的同時，我想起了一個永遠忘不了的片刻，那是從烏爾佛學校[4]自然科教室裡的座位上看到的。當時我十二歲，上課八成是心不在焉，反正就是坐著盯著窗外，順著烏爾佛路[5]往上看。

路的盡頭那端，一名媽媽邊走邊推著嬰兒車，一手牽著另一個更大的孩子，十之八九是嬰兒的姊姊或哥哥。

我決定要捕捉這個須臾、這個更宏大畫面中的一點、這幅清晰的剪影，或者面貌——是的，終究是永恆的面貌。

人生一路走來，絕大多數的視覺印象我當然都忘了，可是就這個沒有忘，它深深烙進我心底；那是我生命中最核心的片刻之一，或許就是我生命中的「此時此地」！

在我小時候，我們會在山上的小木屋度過幾乎整個暑假，那個你我至今依然會去，稱作亨森[6]的度假小屋。在那裡既沒有電也沒有電

---

4 Årvoll skole，位於銅森花園社區隔壁之烏爾佛社區（Årvoll）的一所中小學。

5 Årvollveien，根據《挪威大百科全書》，Årvoll 詞源為古冰島文的 Orravellir，意思包含「黑琴雞」（orri）及「牧草地」（vǫllr）。

6 Hengsen，位於挪威中南部山區，與兩大城市奧斯陸及卑爾根的直線距離差不多，最接近的市鎮為奧爾（Ål，此字也有「鰻魚」之意）。

話，若有哪位姑姑叔伯、阿姨舅舅要在夏天時來訪，就得提前好幾個禮拜約定好才行。

我們能收到報紙和信件，它們會被牛奶卡車載來，送到下方山路上的奶桶裝卸臺；這段時期如果有什麼記憶還留存在我身體裡，那就是往返奶桶裝卸臺的一趟趟路程，單程一公里半。有時我們得背著大背包，走上同樣的距離去拿取食物，食物也會被牛奶車運去奶桶裝卸臺。

不過我們有的是時間，沒想過這段路途走起來如此遙遠，白天很是漫長。

而且，往返奶桶裝卸臺的途中，我們還可以跳進亨森湖（Hengsvatnet）游泳。

我的父母都是老師，因而有兩個月的暑假。爸爸（也就是你們的曾祖父）後來受調至暑假短得多的行政職位後，情況頓時就變了，這下剩我們與媽媽獨自在山上。

萬一我們有什麼重要消息要通知爸爸、詢問他一些事情，或者單純因為想念他而要跟他說說話，必須步行數公里到山下村裡的電報站，用國家電話[7]打給他。家裡當然只有一輛汽車，大多數家庭可是連車都沒有，媽媽也沒有駕照。

有幾次，我們會從奧斯陸搭火車到奧爾站，然後繼續坐牛奶卡車上山去小木屋。最後那段距離當時大約是兩哩路[8]，至今距離依舊；然而，在五〇和六〇年代由牛奶運送車載送兩哩，與坐在現代車裡的兩哩路程可不是同一回事。

搭乘牛奶運送車的兩哩旅程，沿途充滿了更多趣事；我不會說曠日費時，反而是多采多姿就對了。

---

7 rikstelefon，挪威早期國內各地之間電話溝通的工具，以區域為單位。

8 此處的「哩」挪威文為 mil，並非一般認知的英里，而是挪威與瑞典常用的長度計算單位，1哩等於10公里。

爸媽很早以前就會約好爸爸哪天要開車上山，我們這群孩子便能在向南的那幾扇窗前坐上好幾個鐘頭，往下望著亨森湖畔的那條農路，找尋一輛藍色的DKW汽車[9]。這可並不無聊唷，因為這條路上一有來車，我們便有大概百分之五十的把握是爸爸來了。

那時的農場人家不用汽車。週一到週五的工作日，牧場女工們獨自留在飼養著母牛、豬和雞群的農場，近乎自給自足；男人們於週六上山回到妻子身邊，不過卻是駕著馬車來的，通常也會帶著一些進口雜貨。

來小木屋度假的不只有我們一行人。就算沒在等待爸爸，我們也時而會目睹下方的路上有車，被團團沙塵籠罩。有那麼幾天，我們會坐在村落前的柵門處，以待有車駛來；一旦有車來了，我們就可以為駕駛打開柵門，並賺到十或二十五歐耳，一人一個十歐耳硬幣都搞不好呢。如果來的是「美國人」，我們按照慣例會拿到美國的糖果；我們叫他們「美國人」，因為沒放暑假時他們是住在美國。

然而，爸爸才是我們在等待的人。和他的約定通常是，他會在我們上床睡覺之前到達，或者至少在七月晚間的天色變暗前抵達；可是有一兩次他卻遲到了，分別比他和媽媽約定的時間晚了四小時及六小時才來。媽媽安慰著我們，我們也安慰著媽媽，說不定是發生了什麼事……

那樣的情況在當時屢見不鮮。每日上午，廣播都會向旅人們發送訊息和通知，例如數日或數週內皆電話聯繫不上的露營遊客。一則這類的典型訊息大概會是：「這是給正在特倫德拉格郡[10]度假的一輛藍色福特陶努斯[11]車主的訊息，車號A-67426——您的母親過世了。再

9 德國昔日一家汽機車製造商，名稱為Dampf-Kraft-Wagen（蒸汽動力車）之縮寫。

10 Trøndelag，挪威中部一郡，其中最大城市特隆赫姆（Trondheim）為該國第三大城，該郡方言有著知名於挪威其餘地區的獨特性。

11 Ford Taunus，一九三九至一九八二年間由德國福特汽車公司於歐洲生產製造的車款。

覆述一遍：這是給正在特倫德拉格郡度假的一輛藍色福特陶努斯車主的訊息，車號 A-67426——您的母親過世了。」

〈地質時間〉

我們各自都是在這個世界片刻走訪的過客，並在身後留下一些浮雲朝露般的痕跡，猶如山間寧靜湖泊裡的魚隻躍出水面幾秒後所激起的漣漪。

然而，就連時間的巨輪也會留下痕跡，更深刻的鑿痕，這是我某天上午自萊內山[1]山腳開始體會到的事。當時的我七、八歲。

我們剛從萊內牧場（Reinestølen）爬上了陡坡，站在一處地勢較平緩的高原上，此地令人盡享從空中遠眺的廣闊景緻，背景的所有

1 Reineskarvet，挪威中南部的山巒，最高峰海拔一七九一公尺，離作者提到的亨森小木屋不遠。

湖泊、山頭和一些幽暗的谷地皆一覽無遺。

這裡走起來不如從牧場上來的陡峭山壁那樣費力難行，但也夠難走了，因為我們腳下不再有堅穩的地面。我們步入一片碎石堆，上頭的石頭是鬆的，步行於上彷彿在石礫中涉水。

爸爸告訴我，我們正走在一個冰磧上，而那一定是我第一次聽到「冰磧」這個詞。

數千年前，這整片遼闊的地形都被冰覆蓋於下，我們踩進的岩石則是從山上脫落下來的，並在陡峭的山坡下方沉積成一條寬廣的冰磧脊。有超過十萬年的時間，整個國家都被巨大的冰層包裹著……

五〇年代末的這個夏日，一定是我和人們所謂的地質時間的最初接觸。

大約在同一時間，查爾斯·大衛·基林[2]已開始從夏威夷的莫納羅亞天文臺（Mauna Loa Observatory）測量大氣中的二氧化碳。

這些從一九五八年連續不斷至今的測量顯示，大氣中的二氧化碳含量正在增加，而且再也不容置疑的是，人類燃燒石油、煤炭和天然氣等化石能源就是罪魁禍首。

化石燃料加劇溫室效應，進而引起這顆星球逐漸暖化。就這樣，地球獲得了新的時間度量，我們從二十與二十一世紀起所使用的年分數字，都能連結到大氣中有多少百萬分點濃度（ppm）的二氧化碳。

人們於工業革命期間卯起來挖掘及燃燒碳以前，大氣中的二氧化碳含量約為兩百八十ppm，此數值在數十萬年間一直維持得很穩定，簡直讓人吃驚。接著，我們周圍空氣中的二氧化碳含量以愈來愈快的速度上升到了今天的四百一十五ppm，這比我們開始使用化石能源之前的自然值還要高出約百分之五十，也是幾百萬年以來，大氣中二氧化碳含量的最高值。

---

2 Charles David Keeling（1928–2005），美國科學家，氣候變化科學研究的先驅。

提到這樣的時間規模，我們這可認真談論起地質時間了——幾百萬年！

在我們的太陽系裡，地球是唯一一個我們確知存在著生命的天體。近幾十年來，天文學家也在其他太陽系中發現了幾千顆行星，但截至目前皆未找到明確的生命證據。我們或許可以推測，在宇宙的整體脈絡下，生命一定是極其罕見的事。

我們的星球上存在著恰到好處的條件，讓生命能茁壯發展。這裡的溫度冷得恰到好處，熱也熱得恰到好處，使得大量的液態水得以存在，而如我們所知，液態水正是一項生命的先決條件。

地球的軌道只要離太陽近一點，這個星球上大部分的水便都會蒸發殆盡；只要稍微遠離太陽，星球表面上所找得到的一切水分，則都會處於冰凍狀態。

我們所生活的星球，乃是位在太陽周圍的一處「金髮姑娘帶」[3]之內；這個表達源自於童話故事「金髮姑娘與三隻熊」[4]：金髮姑娘是個挑剔的女孩，要從三份粥之間選一份時，會挑一盤冷熱剛好得讓她想吃的粥。當中的雷同之處是，太空中形成生命的條件就跟金髮姑娘一樣挑剔，與所屬恆星的距離恰為液態水存在的必要條件，這樣的類地行星可是寥寥無幾。

不過另一方面：如果天文學家哪天真的碰巧找到某顆星球，有著深邃的海洋、潺潺的溪流以及大條河川與大片湖泊，卻不見生命跡象，那麼比起生氣盎然的同樣一顆溫暖潮溼的星球，他們大概會對自

3 Gullhårsone（英文為 Goldilocks zone），宜居帶的別稱，行星系中適合生命存在的區域，由表達「恰到好處」概念的「金髮姑娘原則」（Goldilocks principle）而來。

4 Gullhår og de tre bjørnene（英文為 Goldilocks and the Three Bears），十九世紀源自英國的童話，曾改編為電影、歌劇等作品，為相當受歡迎的英語童話。

己的發現更感到驚訝。

地球是圍繞太陽運行的八顆行星之一，太陽是我們星系中超過一千億顆恆星中的一顆，我們稱該星系為銀河系，而它又只是宇宙中——或者我想該補充一下是**這個**宇宙中——約一千億個其他星系中的一個而已。

我們能了解的就只有這個宇宙，不過倒是可以想見，有無數個其他宇宙存在，機率甚至不是那麼小。

教人嘆為觀止的是，這個宇宙中根本的自然力量，似乎調節得入微至極——或是說被調整得精細至極，以配合一個穩定或「永續」的宇宙，當中包含恆星與星系、原子與分子，並且在具備了上述這些後，也連帶包含了生命的基本條件。

有這麼大量的生命條件被滿足，似乎是極為不可思議的事，但我們就身在之中。若是不相信有神聖的創造力量「設計」出這一整套，那我們就能想像，有無數個**沒有**產生出這類生命必要條件的宇宙存在；在那些宇宙中，也就同樣不存在像我們現在正處於其中的那種宇宙的「深謀遠慮」。

（我們的）宇宙始於一場神祕的爆炸，至今我們的生活依然受其後續作用影響著；人們稱之為大爆炸，或者在挪威文也會用 det store smellet 來指稱。

此爆炸為何物，抑或為什麼發生，對此沒有人能回答，至少在我們地球這一帶是沒有；但是，爆炸後的能量卻產生了組成宇宙的最小事物，我們稱為「夸克」（quark）。隨著年輕的宇宙逐漸冷卻，夸克結合形成質子和中子，接著形成氫原子核與氦原子核。

一直到幾十萬年後，具有電子殼層的完整原子才出現，依然幾乎只是氫與氦這兩種宇宙中最小的原子。較重的原子很可能是在第一代恆星內沸煮而成，更重的原子在我們所謂的超新星爆炸中形成，宇宙中最重的原子則可能產生於偶爾有兩顆中子星相連之時。

人稱分子的化學鍵已在宇宙中到處現蹤。我們星球上生命所需的三種這樣的分子，分別為氧分子（O_2）、水分子（H_2O）以及二氧化碳分子（或稱CO_2）；大氣中約五分之一的分子是氧分子，而二氧化碳僅占略多於百分之零點零四，也就是我們討論過的那四百一十五百萬分點濃度。

大爆炸發生於一百三十八億年前，我們自己的太陽系則誕生於四十六億年前；也就是說，地球存在的時間足足跨越了宇宙年齡的三分之一。想到這點，我就幾乎有點興奮，更確切地說是替這顆星球，但同時也有一點是替我自己。

起初，地球熾熱又滾燙，不過隨著冷卻下來，便出現了複雜的分子或「高分子」，生命就是由此製造的。在這個地球歷史的早期階段，大氣中尚不存在游離氧，也沒有保護星球免受太陽紫外線輻射的臭氧層；然而，這些條件恰恰為高分子「原始湯」[5]得以形成原始生命形態或活細胞所必不可少的，而那正是超過三十億年前所發生的事。

生命究竟如何起源，我們並不曉得，也許發生在海洋中，不過也有可能是隨著撞擊的天體來到地球的，至少這個星球大部分的水都可能是以這種方式從外部而來。

透過一種稱為光合作用的化學過程，簡單的單細胞生物體開始製造出動物賴以為生的游離氧，或簡稱 O^2。隨著時間推移，保護地球生命免受有害紫外線輻射的臭氧層也形成了。

當初若是要出現生命，讓我們星球上的生命得以蓬勃發展成更複雜生物體的同樣條件——即大氣中存在著游離氧，星球還要被有保護作用的臭氧層包圍——便不可能存在，我覺得這個矛盾很引人入勝。（在這顆星球誕生初期，大氣中的游離氧，會導致生命的組成要素還

5 primordial soup，又譯「原生湯」、「原始漿液」，被假定存在於地球生命出現之前並作為生命起源的一種液態物質。

來不及形成氨基酸等複雜高分子便氧化了；臭氧層則會減少紫外線的輻射，而那或許是讓生命得以產生的重要催化劑。）

如今這個星球不會產生嶄新的生命，有超過三十億年都不曾形成生命了。而就算是三十多億年前，大概也僅發生過那麼一次而已。

地球上的生命創造了一層大氣層，防止所有來自太陽的熱輻射反射到太空中，這便是我們所謂的溫室效應。假如這顆星球不具備這層大氣，加上自身的「溫室氣體」，這裡可是會更寒冷得多，並且如我們所知，對生命來說也不會舒適。

所以說，溫室效應是自然而然的現象，而非人為所致。其中一種重要的溫室氣體，乃是我們所稱的二氧化碳或 CO_2；儘管正是多虧了這種氣體，我們才不致凍死，但由於人類的活動，它現在正在迅速增加，造成全球暖化或人為導致的氣候變遷。

就連這也是有點矛盾的事：要不是因為有自然的溫室效應，地球就會像是一顆缺乏生氣的雪球，因為地表溫度可是會比今天低了整整三十三度呀！然而，由於某種人為——且相對緩和——的溫室效應驅動，這個星球的某些地區，恐怕將在幾年內變得過熱而不宜居。

植物透過光合作用從空氣中吸收二氧化碳，並將其轉化為動物可以食用的植物性物質；同時，相同的氣體（CO_2）通過動物的呼吸被釋放到空氣中，另也經有機物質的分解被排出，比方說腐爛。光合作用也會產生人類與動物呼吸所需的游離氧或 O_2。如此一來，生命的進程有助於達成一種自然的碳平衡。

就連在無生命的大自然中，也存在著這樣的平衡現象。火山爆發等地球物理過程會釋放二氧化碳到大氣中；與此同時，二氧化碳也會藉由緩慢的風化作用過程及死亡有機物質的沉積而被推回海床，最終再度被栓入地殼裡。這個循環幾乎持續不變了數十萬年，人類（直到近代為止）不曾對該現象造成任何影響。

我用了「循環」和「碳平衡」等字眼，接下來則會發生某些事，極力擾亂這個循環或平衡。我所想的，就是所有源自早期動植物殘骸的碳；數百萬年來，這些碳始終以石油、煤炭和天然氣的形態貯存於地殼內，因而處在被「擱置」、從循環中移除的狀態。

幾百萬年來，那些碳儲量一直都在那裡，然後幾乎是一夕之間，人類就把碳給挖了出來、點燃，任由二氧化碳外溢到大氣中。這下子便產生驟然的收支不平，循環遭到打破。大氣中的二氧化碳愈來愈多——就如基林用他的測量結果所表明的——地球也變得愈來愈熱。

儘管相較於經自然循環而存在循環系統內的二氧化碳含量，人類活動釋放到大氣中的不過是九牛一毛，那卻構成了大自然來不及鎖進地殼的過量廢料；取而代之地，那些超量的二氧化碳便積累在大氣中——還有海洋裡。

這就好比飲食中的卡路里：如果天天吃進略多於身體維持自身

功能所需熱量的卡路里——就拿一片鬆餅或一塊巧克力杏仁糖膏來說吧，你就會開始漸漸發胖。同樣的，大氣中散布著愈來愈多的二氧化碳，人類天天排出比地球所能處理的還多出一點的二氧化碳，且遠超過大自然維持其功能——像是賦予植物和樹木生命——所需要的量。

我們在談的可是龐大的碳儲量，地球的自然過程花了好幾百萬年的時間，才把那麼多的碳從空氣中抽取出來，貯藏進地殼裡；可是後來，才一兩百年的功夫，我們就為了那些碳藏量把這顆星球給翻了過來，一眨眼把它們燒個精光，並釋放溫室氣體到大氣中。起初，我們沒有預料到自己在對這顆星球的自然與環境造成什麼樣的傷害，但逐步清楚意識到自己究竟幹了什麼好事。

同樣的話，亦能描述我們對自然地區的不善管理。世界上的森林、沼澤與溼地也都栓住了大量的碳，像是你我所在的北方氣候帶。熱帶雨林尤其是地球前幾大的儲碳庫，不只如此，還以獨一無二、無可替代的動植物種豐富性占有特殊地位。

目前，我的意思是今年二〇二一年，全球已達成基礎的廣泛共識，人類亟需停止排放所有的溫室氣體，也亟需停止焚燒這個星球的雨林。然而，卻不是人人都想為這些共同努力盡一份力。包含挪威在內，有一小部分的人說他們不「相信」人為所導致的氣候變遷。他們稱事實為「假新聞」，或者如其中一位仍擔任最高層級政治人物時所說的：「我才不相信人為造成的氣候變遷，要是真有那麼一回事的話，政治人物早就對症下藥了……」這種說話方式可謂惡性循環，此外還應被冠上「循環論證」之名。

許多氣候科學家都認為，光是停止排放溫室氣體可不夠。情況岌岌可危，我們還得找出把碳從大氣中抽出來的方法才行。

簡而言之：數百萬年來，這顆星球蘊藏的石油、煤炭和天然氣中一直儲存著大量的碳，蠢蠢欲動，迫不及待要被燃燒並溜進大氣中。自十八世紀末起，這些化石燃料蘊藏量便好似阿拉丁的神燈精靈誘惑著我們。「把我們從神燈裡放出去吧，」碳低聲呼喚，「這麼一來，我們就將服侍你們，讓你們變得既有錢又有勢！」人們便禁不起誘惑了。如今，我們試圖強迫精靈回到神燈裡；不過，請神容易送神難，那麼做和一開始把超級力量放出來相比，結果卻是難上加難。

倘若這個星球尚存的石油、煤炭和天然氣全都被抽出來釋放到大氣中，我們的文明便不會倖免於難。這幾乎是不會發生的，因為如今國際間有廣大群眾投入心力，積極推動能源產業的徹底轉型，漸漸地或許也大大扭轉那些被我們與「消費社會」連結在一起的事物。

儘管如此：寫這封信的此時，仍有許多國家與國家元首認為，採集及燃燒所有自己國家領土的化石燃料，是他們一清二楚的權利。那我們就可以這麼問了：對自己的雨林為所欲為，何以不該同為雨林國家明明白白的權利呢？

有什麼差別呢？考慮到全球的碳收支狀況，差別何在？有鑑於動植物種的損失，差別又在哪？

O_2

〈無線電訊號〉

截至目前，我們不曾在自己星球以外的任何天體上發現生命跡象。當然，這並不代表外太空不存在任何簡單的生命形態。有朝一日，簡單的生命形態若非已經在火星上尋獲的話，要在我們太陽系裡某顆衛星這樣的近處找到，機率甚至不小。最鄰近地區裡的微生物搜索行動，我們才剛開始沒多久而已。

不過，即使多年來仔細聆聽空中各方位傳來的聲音，我們也沒有接收到任何遙遠文明傳來的無線電訊號。

假如我們「目前」是孤零零地在這裡，那麼當然可以想像，在有人類能夠接收來自那些地方的訊號以前，幾個分散於星系時空中的島嶼上**曾經**存在著智慧文明。

若要與哪個文明相逢，那就如同你我前面了解到的，我們在時間與空間方面皆必須正中靶心；而根據在地球本地的經驗，我們並沒有理由認為，智慧文明理當會持續數萬年以上，在宇宙的尺度下，這麼多年也只不過是轉瞬即逝。

另外還可以合理假設，我們自己星系中的智慧生物都是基於碳化合物，就跟地球這裡的生命一樣。至少在銀河系裡，不論碳還是水都綽綽有餘，凡是有碳基生物的地方，或許遲早就會形成龐大的化石碳蘊藏量。

因此可想而知，為了達到一定的科技水準，就連外星文明也可能經歷了（或不敵）一場大氣危機，如同我們今天在自己的星球所經歷的這場氣候危機。因為就連在那些外星地方，智慧生物在發展成最終令他們能發送無線電訊號到太空中的高科技文明之路上，可能也同樣使用了化石燃料。

可是，為什麼我們不曾收到任何這類的生命跡象呢？有沒有可能是和那些地方也燃燒化石能源這點、因而和一層又一層衰敗的大氣有關？

這個思想實驗屬於臆測，並且為修辭學技巧，為的只是說明以下重點：我們愈是表現得沒有能力照顧好我們自己的大氣層與文明，愈是不能期待會收到太空中其他文明傳來的訊號……

言至於此，我將發言權交給你們了，親愛的雷歐、歐若拉、諾亞、艾爾巴、尤莉亞和毛尼。二〇二一年一個陽光普照的春日，我坐在這裡，面對著電腦螢幕，有好多事情想和你們談談、更深入討論；特別是和你，親愛的毛尼，在你有朝一日長夠大了、足以思考並表達自我的情況下。（要展開這樣對話的另一個前提，當然就是我還在世。）

這條路——我是指這個世紀——再稍微往下走的那個未來裡，你們的情況怎麼樣了呢？在宇宙中搜索生命，是否有所突破了呢？

若是發現了某種簡單的生物體，比方說在木星的其中一顆衛星上，那我會將之視為一項劃時代的發現；因為我們便不再是孤獨地存在這個地方了。萬一光是在我們自己的太陽系裡就有整整兩張（生命的）中獎彩券，想必有極大的機率，生命這個現象並非你我至今也許想像得那般特殊，而是原本的常態；並且光是在我們自己的星系中，就必定有活著的生物體存在於無數天體上。因為就如我提過的：我們直到現今才知道那些天體存在於此。寫這封信的此刻，已有約四千顆所謂的系外行星被證實了，也就是繞著太陽以外的恆星運行的行星。

如同一開始提到的，我可以想像，這些話直到二十一世紀接近尾聲時都還會被閱讀。那麼，就以距離我寫下這些內容的七、八十年後來說好了，狀況如何呀？有沒有生命跡象自外太空啪嗒啪嗒地傳來了呢？

我並不是在問，人類是否已與其他文明建立活絡的對話了；由於距離迢迢，光速又惱人地迂緩，宇宙間的來回應答，恐怕都得相隔幾百或幾千年之久。

首先，會有一通來自一千光年外的電話打來，內容像是這樣：「喂，有人在嗎？」一收到訊號，人類就會接著以一種宇宙間的世界語回答：「有啊，我們在呢！」這個答覆會在外星文明最初與我們聯絡大概兩千年過後抵達他們那裡，直到又過了另外一千年，我們這兒才可能收到新的回應。換句話說，光是說出「喂，有人在嗎？」「有啊，我們在呢！」還有「真有趣！要不要一起玩呀？」便耗時三千年歲月。

我們自己的文明會如此歷久不衰嗎？在那遙不可及的未來，我們的後代子孫所使用的語言，還會幾乎接近當今這個星球上所說的任一種話語嗎？這是一個很重要的問題。

要和遠在外太空的文明溝通的一項前提，乃是我們有能力與自己的後代溝通，而外星文明在太空中位處愈是偏遠，我們自己的文明就必須生存得愈久遠，才會有辦法與他們交流。

我不禁想起一則故事，三名芬蘭伐木工人齊坐在小木屋裡喝著伏特加，一個鐘頭後，其中一人舉起酒杯說：「乾杯！」又過了一個鐘頭，另外一人舉起酒杯予以相應回答：「乾杯！」再過了一個鐘頭，第三個酒友卻面帶不悅神情插嘴：「咱是來這喝個痛快的，還是來瞎扯蛋的？」

但總之！你們在二十一世紀快結束前，有沒有接收到任何外星智慧的跡象呀？這才是我在問的。如果沒有，天文學家又或是哲學家，對此如何置評呢？

我想我得重新來過，以盡可能開放的方式發問：從二十一世紀末那端，你們有什麼你們覺得會讓一位七、八十年前坐在這兒電腦螢幕前寫作的爺爺感到訝異、震驚或開心的事情要說的嗎？

說嘛！用不著在意我聽不到你們說了什麼，儘管說吧！這樣一來，你我便總算開啟一種對話，和小木屋裡那些醉醺醺的伐木工人截然相反。

你們還小時，有時我會問你們過得怎麼樣，你們會盡自己所能回答爺爺，即使是在仍是小不點的情況下，有時僅報以鼻子一抽或一聲咕噥。而在更久之前，當你們還完全不會說話時，就像我寫這封信當下的你，親愛的毛尼，我當然知道你們什麼都聽不懂，可是即便如此，我和你們說話也並不只是鬧著玩而已，因為你們至少能聽到我的聲音。

現在不一樣了。你們再也聽不到爺爺的聲音了，但反倒可以藉著書面語言的幫助，理解我在問你們的是什麼。我想知道你們過得怎麼樣，一如既往。我只想知道你們過得怎麼樣呀！

雖然說，這下換作是我沒辦法領悟你們的回答了。某種意義上，你我角色對調了。

我最心心念念的，是我們星球的前景將變得如何——我的星球的前景，因為它同樣也屬於我，這顆星球永遠都會是屬於我的，對此我有所堅持。我想要忠於自己還是一名不快樂少年時那次身在森林深處的經歷：我不僅身在這顆星球上，我還**就是**這顆星球；我在地球上的居住權乃是與生俱來的……

當你們讀到這裡的時候，大氣中含有多少二氧化碳了呢？全球平均氣溫上升了幾度？氣溫上升幅度自人們開始使用化石燃料算起最多不得超過兩度，這是各國進入本世紀十五年後所設的目標；我們稱為《巴黎協定》（Paris Agreement），二〇一五年十二月十二日於巴黎通過。但計畫挺住了嗎？還是說，溫度升高了毀滅性的三、四或五度？

倒是回答呀！全球暖化引發了哪些氣候變化？

格陵蘭冰蓋（Grønlandsisen）現狀為何？南極大陸上的冰蓋呢？海平面升高了多少？二十一世紀末的學者又認為情況會往哪個方向發展？整片格陵蘭冰蓋都處於融化的危險之中嗎？這個潛伏的地球物理

過程是不是已經在如火如荼進行中了？

有多少太平洋島嶼已被遷離而無人居住了？說呀！哪些沿岸地區已被海水吞噬了？所有的沿海城市呢？那些城市怎麼樣了？

生態系統發生任何浩劫性的崩潰了嗎？農業後來變成什麼樣子了？例如在撒哈拉以南的非洲（Afrika sør for Sahara）。世界人口的糧食安全狀況如何？

非洲大草原上依然有牛羚和羚羊、大象和長頸鹿、獅子和豹在奔跑嗎？塞倫蓋提[1]和馬賽馬拉[2]之間的年度大遷徙，仍舊是所有動物都會參與嗎？還是說，那幅由多元物種拼組而成的馬賽克景象上出現了幾處醜陋的空洞？

1 Serengeti，東非坦尚尼亞（Tanzania）西北部至肯亞（Kenya）西南部的地區，面積約三萬平方公里。

2 Masai Mara，肯亞西南部一處大型獵物禁獵區，與坦尚尼亞北部塞倫蓋提國家公園相接。

黑猩猩和大猩猩呢？或是蘇門答臘島（Sumatra）及婆羅洲（Borneo）叢林中的紅毛猩猩呢？（我所談論的不是飼養在樊籠裡的動物。我在講的是叢林，談到的也就並非圈養的動物！）

順帶一問，亞馬遜雨林（Amazonas）怎麼樣了？可別給我來一套這樣的說詞：是，謝謝關心，我們過得很好，不過南美洲的大片雨林已不復存在了，如今退化成了無垠的稀樹草原，或者可能變成了廣闊的大草原景觀、新一片牛仔之地……

海洋呢？酸到什麼程度了？珊瑚礁發生什麼事了？魚群數量呢？墨西哥灣暖流（Golfstrømmen）呢？

還有一件事我就是忍不住要問：這個世紀間發生過任何區域性或全球性的核武戰爭嗎？

是怎麼開始的？國家和人民的狀況如何？

不行，這下我可不敢再問下去了！

我幾乎慶幸自己再也沒有辦法聽到你們的回答。

〈星球的永續性〉

我不認為作家通常會坐下來讀自己寫的書，至少我自己是從來沒有這麼做過。書在發行之前就被再三閱讀過了，而自出版那一刻起，想對內文做任何更動，反正都是木已成舟，為時已晚。

不過倒是有那麼一次，我坐著聚精會神地翻閱一本我的書，那本書是被添上了副書名《哲學史小說》的《蘇菲的世界》。有一件事情我非得弄清楚不可。當我竟然遍尋不著自己在找的那個內容時，便開始冷汗直流。這麼說還真不是開玩笑，就彷彿我的體內出現了一個巨大空洞；最後我不得不認清事實：有一個重要的哲學問題，搞不好還是最重要的那一個，我居然連碰都沒有碰。

哲學的問題，在任何時候都是同樣的問題嗎？我的答案：既是，也不是。許多有關宇宙本質及我們自己於人生中所處位置的問題，皆經受了數千年來人們的思索。世界本身就帶有某種引發哲學反思的性質，人類對自身存在所感到的驚嘆，永遠不會有停下來的一天。

再來也會發生這樣的情況：由於我們周遭的環境——社會、科學與科技——發生劇烈變遷，某些全新的問題如雨後春筍般冒出。人工智慧就是一個例子：電腦或網路會不會哪天變得有能力發展出意識或自我意識，因而說不定一併生出焦慮、恐懼或喜悅等情緒？若真如此，這類人工智慧應當獲得哪些法律保障或權利呢？

還有很多例子，屬於大致上能被自然科學解決的哲學議題。「生物由什麼所組成？」之類的古老問題大多已由生物學解答了，而自從去氧核醣核酸分子於一九五〇年代初期被加以描述了以後，生物體的特徵如何代代遺傳，就不再是什麼天大玄機。這些問題都是柏拉圖和亞里斯多德等早期哲學家冥思苦想的，而他們這麼做有很好的理由。

然而，哲學探討的事情依舊有很多。道德哲學問題自成一類：人生中最重要的價值為何？何謂公平正義？人類和動物，或甚至原始無損的大自然擁有什麼樣的權利？以及最重要的：什麼樣的社會制度才是最好的？

儘管如此，我們這個時代最重要的哲學問題，仍然非以下莫屬：**我們該如何保衛住人類文明，以及我們自己星球上的這套生命根基？**

那本我直到一九九一年都還在寫的哲學小說，其中沒有收錄到的就是這個問題。而就在發現這點後，我冒起了冷汗——我怎麼可以這麼盲目輕率哪？

雖然我是寫「我們這個時代最重要的哲學問題」，不過「我們這個時代」一詞所指的，卻是差不多從我出生開始、至少會持續到本世紀結束的一整段時期。如同我最初提到的：我能毫不猶豫地宣告，恰好這一百五十年很有可能會列入人類存在史上最關鍵的時期，因而也會在我們星球的歷史占有一席之地。

相較於我寫這封信的當下，地球的未來沒有獲得更好的保障，為此，我這一代以及我的孩子這一代必須承擔多數責任；但是隨著下一代長大成人，就連你們也會逐漸承擔一部分的相同責任。而另一方面，我則可以想像，站在進入二十二世紀門檻的人們，也許會經歷到某些最大的挑戰受到了掌控，並穩妥地往解決的方向發展。

人類面臨要歷經好幾個世代才能解決的課題，這種情況過去曾發生，而這就是一封一位爺爺寫給自己孫子女的信。

所以，我們要如何才能保障人類文明的未來，還有我們自己星球上的這套生命根基呢？在現實中，這所牽涉到的可不只是一個問題而已。

那首先是一個道德哲學問題，因為我認為，關照後代子孫與確保我們自己文明的未來，是你我身為人類的義務；稍後在信裡，我會回過頭來談談為什麼。除此之外，維護我們以外物種的生存條件，同樣是我們的道德義務。目前正在摧毀這顆星球生物多樣性的，正是我們；此時此刻，正是我們在這個世上。

再者，那個問題當然也帶有政治層面。無論是作為個人、社會或人類全體，光是想要某件事是不夠的；問題尤其在於，這件事有何要求，或是必須做什麼才能達到。我們該如何達成所望之事？必須建立哪些體制？在全世界的基礎上，會需要哪些經濟方面的變革？又該如何施行？如何才能為更公平分配地球資源奠定基礎？世界上最富有、超支最多資源的那一部分人，他們將不得不放棄哪些特權，不論是自願還是被迫？那些必要的改革，絲毫容得下資本主義對更多利潤永不滿足的追求嗎？

當我寫下這幾行字時，我們正生活在一場現代中無先例的大流行病之中；要找到類似的情形，得回到一百年前的西班牙流感。然而在過去一年內，我們也同時見到了，從小小的地方社區和國家，乃至國際社會，上上下下——沒錯，事實上就是全人類——是如何必須想方設法就必要的措施合作，並協調共同努力的事項。這特別涉及到了自願與強迫之間的權衡取捨，我剛剛所略提到的那個微妙的平衡點。

✧

所有的倫理道德一直都有一項重要根基，那就是「黃金定律」或互惠原則：你想要別人怎樣對你，就要用同樣的方式待他人。然而，黃金定律卻再也不能只有水平的面向——即「我們」與「其他人」；人們開始頓悟，互惠原則還有另一個垂直的面向：你希望上一代怎樣對你，就要用同樣的方式待下一代。

就是這麼簡單。要愛鄰人如同自己，那些鄰人當然必須包括下一代，必須確實包括我們之後生活在這個星球上的每一個人。

原因在於，地球上的人並不是同時活著，全體人類並非一同存在。在這個世上，有人活在我們之前，有些正度過今生，也有些人將生於我們之後；不過，就連那些生在我們之後的人也一樣是你我的人類同胞。假如先活在這個星球上的是他們，我們會希望受到何等對待，就要用這樣的方式對待他們。

規矩就是這麼簡單。也就是說，我們不可以交出一顆比我們自己得以活在的這顆還要貶值的地球——海裡的魚少了，飲用水少了，食糧少了，雨林少了，珊瑚礁少了，動植物種少了……

美麗的事物少了！奇觀少了！精彩與喜悅都少了！

隨著二十世紀的推進，愈來愈淺而易見的是，世界的人民仰賴某些跨國的公約和義務。一九四八年聯合國的《世界人權宣言》（*Universal Declaration of Human Rights*, UDHR）即為此類跨國法規的重要突破，該宣言或許代表著哲學和倫理學迄今最大的勝利。因為，那些人權並非由更高的權力賦予我們，也不是憑空擒獲；它們標記了一段千年之久成熟過程中的轉折點。

二十一世紀最重要的問題之一，將是我們在不承認任何基本義務的同時，能倚賴大量權利多久？說不定我們需要一部跨國的新憲法，是時候創建一部《世界人類義務宣言》了；聯合國的永續發展目標（Sustainable Development Goals, SDGs），就是這個觀點愈來愈被採納的一個例子。

只顧及個人的自由與權利，卻不同時著眼於各國及個人的責任，這樣再也說不通了；特別是我們保障將來世代權利的責任，包括對這個我們所生活的星球的責任——這顆星球，就是阿波羅8號的太空人在太空船剛繞行月球背面後於空中所見的那個「地出」，或者也是航海家1號從太陽系邊緣拍下照片的那個淡藍色圓點。

若要成功挽救這顆星球上的生命根基，我們的思維方式就必須發生哥白尼式的轉向[1]。過著彷彿一切都繞著我們這個時代而轉的生活，就跟相信所有天體皆以我們的星球為中心而運行一樣天真；可是，和所有將來的時代相比，我們這個時代並不具更加中心的價值。對我們來說，自己的時代理所當然意義最為重大；但我們不能活得好像那對於比我們晚出世的人而言也一樣會是最重要的。

當然，鍾愛自己所存活的年代並非自私，不過我們必須有如重視自己的時代那般，珍視比我們後到的世代。愛鄰戒律的哥白尼式轉向即是如此。

無論是人與人之間還是國際關係，我們都成功擺脫了由強者權利

1 挪威文：kopernikansk vending，德文：Kopernikanische Wende，波蘭天文學家哥白尼（Nicolaus Copernicus, 1473–1543）於文藝復興時期率先發起由地心說轉向日心說的學說變革，推翻長期以來人們對於天文學的根本認知。後來，德國哲學家康德（Immanuel Kant, 1724–1804）以試圖調和理性主義與經驗主義的著作《純粹理性批判》（*Kritik der reinen Vernunft*）推出先驗哲學（Transzendentalphilosophie），其革新的思維被譽為哲學界的哥白尼式轉向。

所形塑的「自然狀態」[2]；然而就世代之間的關係來說，我們仍舊處於極度無法無天的狀態。

地心說的世界觀或許是很天真，可是，活得彷彿我們除了這一顆必須共享的星球之外，還有更多顆等著我們收穫，難不成就比較不天真了嗎？

人生要不要有信仰，取決於個人，是否要盼望這個世界會得到救贖，亦為個人選擇；但我們卻不得假定有一片新天新地在等著我們。除此之外，塵世之外的力量是否將在任何時候舉行「審判日」，這也教人懷疑——不過我們倒是總有一天會遭到後代子孫譴責。

氣候危機與生物多樣性受威脅，皆與貪婪有關，可是貪得無厭者卻往往不會為貪欲而憂心忡忡。歷史上有些說明這點的例子，最好的例子大概就是我自己這一代人的貪念。綜觀歷史其他時期，展現富麗堂皇的形式五花八門，就連那些也都是基於近乎肆無忌憚地展示權力，例如奴隸制度；不過，奴隸經濟倒是很大程度被一種新型態的奴隸制度取代了。我所指的是石油經濟，差別在於，石油經濟的奴隸還沒出生；我所想的，是那些在我們狂歡過後苦於付帳的人。石油和煤炭固然把許多人一舉帶離了貧窮，但不僅如此，同樣的那些資源卻也將許多人一把推入了近乎荒誕的揮霍和過度消費。

一桶原油，意即一百五十九公升，相當於要付出大約一萬小時的體力活，換句話說等同於六年的全職勞動。如今，這樣簡直難以想像的能源量，卻以區區幾張百元鈔票的賤價在出售。

石油不是誰家的財產，只要抽上來就好！但用不了多久，就再也沒有多餘的石油可以找了，反正就是不能再燒了，已經有這麼多的化

---

2 挪威文：naturtilstand；英文：state of nature，英國政治哲學家湯瑪斯・霍布斯（Thomas Hobbes, 1588–1679）於《利維坦》（*Leviathan*）一書所提出，描述人類在形成所謂的「社會契約」（social contract，指國家公權力與法律）以前，極有可能處於無政府的野蠻互鬥狀態。

石碳被燃燒並排入大氣中，該付出的代價則被我們遺留給後代子孫。

出於互惠原則，我們應該僅能在同時替未來世代做好安排，讓他們沒了相同資源都過得去的情況下，才容許自己使用非再生能源。

倫理道德的問題未必都難以回答，是我們承擔這些答案後果的能力往往不足。但要是我們忘記為後代著想，**他們**可會對我們沒齒難忘。

人性的特點，乃是普遍水平又短視的方位識別能力，我們總是四處張望，留意可能的危險、可能的獵物；如此一來，我們便擁有保護自己及我們附屬的天生資質。不過，我們卻不具備保護遙遠後代子孫的相應本能，更別說保護其他物種了。

也就是說，偏袒自己的基因這個傾向，深植在我們作為生物的本性當中，但我們卻沒有同樣的天性，來保護自己四代、八代以後的基因。這是你我必須學習的事，像是要費力記住整串人權那樣；或者稍微換個說法：像是要內化這些規範、使之發自內心那樣。

自從我們起源於非洲以來，為了不讓自己的血脈分枝從演化樹的主幹切斷，我們打了一場從未間斷的仗；這場戰役很成功，因為我們依然在世。然而，人類作為物種的進展卓有成效，卻導致我們自己的生命根基受到了威脅；我們發展得太順遂了，導致所有物種的生命根基都受到了威脅。

對於貪玩、富創造力又自負的人類來說，恐怕很容易就忘了，我們終究是自然；可是，我們是否貪玩、富創造力又自負，到了這場遊戲本身凌駕在你我對這顆星球未來的責任之上呢？

你我再也不能只是考慮到彼此，我們也屬於我們所生活的地球；就連它，也是我們身分中不可或缺的一部分。

很久很久以前我睡在野外那次，於晨霧中所經驗到的就是這樣的事情。

如果我僅為我自己，也就是這兒面對著電腦螢幕打字的這副身軀，那我便會是沒有希望的生物。可是，我所持有的身分，卻比我自己的身體和我自己在地球上的短暫片刻更加深奧。

你我很大程度上是由我們的文化歷史先決條件，由撫育了我們的這個文明所形塑的，我們會說自己掌控著某種文化遺產；但除此之外，你我還是由這個星球的生物歷史所形塑的，我們同樣也掌控著某種基因遺產。我們是靈長類動物；我們是脊椎動物。

費時幾十億年，我們才被創造出來，創造一個人事實上竟然得花上幾十億年！不過，我們能熬過第三個千年嗎？

何謂時間？首先是個人的眼界，然後是家庭、文化以及書面語言文化的視野，不過接著還有人們所謂的地質時間；我們源自某些三億五千多萬年前從海中爬上岸的四足動物。最終，我們要談及宇宙的時間軸；你我生活在一個年齡為一百三十八億年的宇宙中。

然而實際上，上述時間間隔並不如乍看之下可能讓人感覺的那般相距甚遠。**你我有理由在宇宙中感受到歸屬**。如同前述，我們生活的地球，年齡幾乎剛好為宇宙的三分之一；我們所屬的動物門——脊椎動物，則是整整存在了地球與這個太陽系存在時間的百分之十。這個宇宙不過就是如此程度，並沒有更加無邊無際；反之而言亦可：我們和宇宙土壤相接的根、與之的血緣關係，就是深入得如此結結實實。

整個宇宙當中，人類大概是唯一具有宇宙意識的生物；意思就是說，對於這整個我們身為其中必不可少一分子的浩瀚神祕宇宙，人類懷著一股眩惑之感。這麼說來，保衛這個星球的生命根基，就不僅是一項全球責任；它是一項宇宙責任。

〈視覺化石〉

因為，你我並非獨自在此。這個星球的所有生物，無論是微生物、植物、真菌還是動物，皆有著和我們一樣悠久的歷史。或許難以理解，但事實上，人類與這個星球上的全數生命都有著親屬關係。在人生的某個早期時刻，當我逃離一切跑進森林之際，體悟到的就是這樣的事情。

二〇一九年，聯合國的生物多樣性和生態系統服務政府間科學政策平臺（IPBES）提交了第一份關於地球狀況的全球報告，這些呈現給世界大眾的資訊令人沮喪：這個星球的生態系統正在急遽衰退，整整一百萬種動植物皆處於消失的危險之中，當中有五十萬物種，情況危急到牠們長期下來幾乎存活不了。這些物種的棲息地早已非常有限，最瀕危的物種因而被稱為「活著的滅絕生物」，棲息領域過於狹小，導致牠們只能再存活不過幾年時間。世界上快百分之十的動植物種已於現實中滅絕了，儘管還倖存著寥寥無幾的個體。

所謂的瀕危動植物種紅色名錄[1]，以愈來愈精美的出版品呈現，附帶一張張清晰重現的彩色圖片，上頭的物種不是「極危」、「瀕危」就是「易危」。另外——好似某種命運的諷刺，同時還有高級的大本精裝畫冊發行推出，內含所有已滅絕物種的彩色圖片，令人眼花撩亂。那些書的主題將愈來愈頻繁地圍繞在相同的照片——由相同的攝影師拍攝、有著相同的版權，這些照片幾年前還妝點著瀕危物種名錄，意思就是，照片上為不久前還高居於紅色名錄上的物種影像。

這樣華美的書我有一本，放在我坐在這兒面對著的書桌上，它一定是同類型的書當中最先推出的其中一本；我相信，你們當中有幾位在來熊街（Bjørnveien）拜訪我們的時候，就曾坐著翻閱過這本書。

書名是《失落的自然》，副書名為《發現世界上滅絕的動物》[2]，由澳洲古生物學家兼博物學家提姆・弗蘭諾瑞（Tim Flannery）撰寫。封面顯眼地佇立著一隻模里西斯島[3]的渡渡鳥，此種鳥最後一次被記載於一六八一年；翻開的第一頁則是最後一種恐鳥[4]的插圖，該品種於一六〇〇年左右遭紐西蘭毛利人滅種。

所以說，破壞這個星球上生物多樣性的，並不只是白人而已。現在有別於從前的，只有滅種速度本身比以往任何時候都大大加快了許

1 【編註】或稱IUCN紅色名錄，簡稱為「紅皮書」，國際自然保護聯盟（IUCN）於一九六三年開始編製，分為九種級別，例如絕滅、野外絕滅、極危、瀕危、易危等。

2 *A Gap in Nature: Discovering the World's Extinct Animals*，繁中版《失落的自然：發現世界上滅絕的動物》2002年由鄉宇文化出版。

3 Mauritius，位於東非馬達加斯加以東約八百七十公里的印度洋上，為模里西斯共和國群島中的本島。

4 【編註】moa bird，又稱為「摩亞鳥」，普遍被認為是紐西蘭的特有種。

多；撇除這點之外，我們仍保留了我們的人性，我指的是短視近利的思維。

但願這樣的一天永遠不會到來：你我坐著翻閱諸如此類的大本精裝畫冊，裡頭琳瑯滿目的獅子、豹和老虎等絕種肉食性動物的再現鏡頭。我不認為那會發生，這並非我寫下那幾行字的原因；我是在試著表達諷刺，意思是「反事實」，並以此種方式指出絕對不許發生的事情。

雖然說，我並不是完全沒辦法想像這麼一部巨作問世，內容滿是精彩生動的絕種動植物照片，比方說按照所謂分類學嚴謹建構的次序而排列。

第一章可能稱為**絕種的植物與真菌**，這章已經可以帶來張張令人懷念的畫面：因為氣候變遷而絕跡的山區花種的錦繡樣貌，或是熱帶棲息地被迫讓給某種單一作物而消失的各種東方蘭花。

第二章：**無脊椎動物**。就連這些或多或少微不足道的生物，學者們也（趕在牠們消失之前）進行分類，並取得其詳細影像；像是人類的生命根基曾百般仰賴的多種授粉昆蟲，直到我們不得不動用大規模的人工授粉這種全新型態的農業為止。然而，有許多物種——例如雨林裡的，我們還來不及加以描述，便消逝於你我指間。

第三章：**魚類**。瀕臨滅絕的魚一種接一種，漸漸地恐怕完全消失。珊瑚礁即將枯萎殆盡，尤其是由於世上的海洋嚴重酸化——作為二氧化碳累積在海洋與大氣中的後果，海洋酸化向來是一場預示的災難；跟著那些「海洋雨林」一同消失的，還有不計其數的繽紛魚類。不過呢，這些色彩斑斕魚群的**照片**，我們倒是有啊，特別是登載在過期旅遊雜誌裡的，所以我們是有些珍品可以帶給後代子孫的。亨里克・易卜生（Henrik Ibsen）的《野鴨》[5]當中，父親忘了從盛大餐

5 挪威文：*Vildanden*，劇作家易卜生於一八八四年所創之劇作，共五幕，一八八五年一月九日於卑爾根國家舞臺劇院（Den Nationale Scene）首演，作品同時帶有寫實主義與象徵手法，被視為最著名的北歐文學與戲劇作品之一。

會帶一點好吃的回來給黑德薇格（Hedvig），但他帶了**菜單**給黑德薇格看，讓她至少能知道自己錯過了哪些佳餚；父親甚至提議要描述每道菜嘗起來的味道給黑德薇格聽。（攝影技術——以及訊息的數位儲存，正好在我們卯起來扼殺地球的生物多樣性之時就普及了，這豈不是一種命運的諷刺嗎？）

第四章：**兩棲類**。奇形怪狀的青蛙和蠑螈的花花綠綠照片，你我已經很熟悉了。根據IPBES，世上所有的兩棲類動物有百分之四十瀕臨絕種，其中多種皆在國際自然保護聯盟的瀕危物種紅色名錄位居前列。如今，牠們成了動物文學中供大眾瞻仰遺容並緬懷的對象。我剛剛是寫了「動物文學」這個字眼嗎？動物文學和奇幻文學之間，有天倒是搞不好會出現流動不定的界線：「真的嗎？這些稀奇古怪的動物，真的曾經活在這個地球上、我們自己的星球上嗎？」

第五章：**爬蟲類**。容我預測，就連這一章也應該會取得巨大成功。我想像有一些漂亮的整頁插圖，上頭描繪的是已經被我們稱作稀有的烏龜、蛇和蜥蜴，牠們當中有些看起來不可否認是很古老，很多也確實都是遠古生物，或是我們所謂的「活化石」。牠們是人們有朝一日說不定會用「照片化石」或「視覺化石」來稱呼的動物，意即剛好來得及於滅絕前被以視覺形式保存下來的物種。（請容我在括號中提到，穆斯林傳統指出，製作了活著動物圖像的人，便會遭受神的懲罰，直到這名罪人能讓圖像有生命為止；同樣的刑罰，有一天或許會被判處在人類身上。又或是用亨里克．維格蘭[6]的詩詞來表達：「蝴蝶衣冠楚楚／飛出自上帝之手／祂賜予金色翅膀／配上紅紫色緞綢（……）世上任何一人／任何帝王諭旨／無一能創造蝴蝶／唯獨神的

6 Henrik Wergeland（1808–1845），啟蒙時代晚期與浪漫主義時期的挪威詩人、劇作家、歷史學家、政治辯論家兼社會工作者，多產且跨足挪威社會眾多領域，雖被視為典型浪漫主義詩人，但作品也帶有理性主義、現實主義、諷刺，受奉為形塑挪威文學遺產與現代挪威文化的先驅。

全能全知。」[7]）

我們來到了第六章：**鳥類**。這大概會是非常豐富多彩的一個章節，許多美麗的樣本早已妝點在《發現世界上滅絕的動物》，這本置於我面前書桌上的書裡。幾年前，也許是在我們所預期的這本精裝巨作（在最壞的情況下！）擺在書店販售的一百年前，看守世界研究中心（Worldwatch Institute）的國際年度報告有一篇引用大量數據資料佐證的文章，標題是：「鳥類正在逐漸消失」（*And the birds are just disappearing*）。這個標題也能貼切描述國內現況，特別是挪威的沿岸地區；根據挪威的紅色名錄，數種鳥屬於「極危」，更多屬於「瀕危」，還有更多種不是「易危」就是「近危」。

我們的精裝巨作只剩下一章了，對許多人來說，讀到這裡將如臨高潮；我所想的就是第七章：**哺乳類**。這章有著目不暇給的內容，所以我認為，花幾篇扎扎實實的雙頁篇幅是應該的。舉例來說，我可以想像《國家地理雜誌》（*National Geographic*）某些最壯觀的鏡頭，一幕幕再現神色哀傷的人猿（順帶一提，牠們會悲傷也是怪不得的），展示著黑猩猩、大猩猩與紅毛猩猩。我尤其想像得到，最年輕的後代子孫可會帶著何等純真無邪的熱情一頭栽進這些圖片、這一個視覺寶庫，多虧了圖像的數位傳輸，它們的輪廓就跟過去於曾祖父母的年代看起來的一樣清晰；我是說相片，我們的討論對象僅限於此，因為動物本身已被從自然界趕盡殺絕了，就發生在這些精緻影像被拍下不過幾十年後——**趕盡殺絕**。情節歷經萬般更迭，童話故事就此終結！[8]（是呀的確！這個星球的物種豐富性曾為一則純粹的童話故事，美得幾乎令人心碎。）記念古代恐龍、記念人類所消滅的大型哺乳類動物，兩者的差別恰恰在於，我們擁有大量出色的哺乳類動物相片（我們來

7 原文出自維格蘭的詩《蝴蝶》（*Sommerfuglen*），於一八四〇年首度出版於一部兒童詩集中。

8 挪威原句為「Snipp, snapp, snute, så er eventyret ute!」，故事結尾常用的帶有趣味性的總結語，詩人維格蘭就使用過類似語句。

得及拍下的！）。介紹恐龍和翼龍之類的書籍可以十分有趣，儘管經常被一幅又一幅的臆測性插圖或簡陋草圖給搞砸；我的意思是，那些圖多多少少靠著直覺靈感，試圖佯裝一些曾確實存在於自然界中的事物。不過總有一天，孩子們對恐龍的興致，會被一股對已滅絕哺乳類動物的童稚興趣給取代；那些最年幼的小小孩，則會掀起一股圖卡賓果遊戲的復興潮。

我高舉這個駭人的萬花筒，用意就如剛才提到的，並不是要表達替這顆星球或物種多樣性感到悲觀。你我不得這般自甘墮落——我說的自甘墮落是指悲觀，我們必須進入戰鬥模式。悲觀只不過是怠惰或卸責的代名詞，因為這場仗尚未結束，還沒有敗北。人類仍在對生態系統造成巨大傷害，幹這好事的就是我們，而且現正進行中。

可是，親愛的雷歐、歐若拉、諾亞、艾爾巴、尤莉亞和毛尼，想像一下這樣一個美好情境：二十一世紀接近尾聲時，你們當中的某個人或許正再次讀著這幾行字，但願讀到這的你可以振臂高呼：喂！！！情況又沒有變得像爺爺警告的那麼糟。這個星球上的大自然仍幾乎完好如故，非洲大草原上，依然有成群結隊的大象在漫步，大型的肉食性動物，我們可是連一種也沒有失去……（爺爺還真**是**個無藥可救的悲觀主義者！）

是，那個情境想像起來是很美好——但卻不會自動化為現實。

〈拉塔托斯克〉

若說到地球上的生命受到威脅，這可並不代表什麼人類歷史上前所未見的新鮮事。許多古老宗教中，宇宙秩序皆被視為脆弱且暫時；從前存在著混沌，從混沌之中生出了有序的世界或宇宙，但世界隨時都有可能再度變回混沌狀態。

維京時代盛行著一種兩方勢力之間動盪不定的平衡，善良、促進生命的力量在一邊，邪惡、毀滅性的力量在另一邊。站在生命與豐饒這方的為善良的神祇，**阿薩神族**（æser）與**華納神族**（vaner），邪惡的混沌力量則是由醜陋的**巨人**（jotner）所代表。

因此，在古代北歐的想像世界，從不間斷的守衛便是必要之舉，以防備巨人，防備那些持續試圖將世界帶回混沌的山怪（troll）或遠古怪物。遏制山怪，乃是人類與善良眾神的任務。

古代的北歐地區，春季和秋季的來臨皆非全然自動自發。促進生命的力量有賴人類的幫助，人類有責任向善良神祇**獻祭**（blote），以此給予祂們堅毅韌性與力量；這是一種將力量轉移給眾神的宗教儀式行為。

獻祭尤其有助於增進繁衍力，這件事特別由華納神族所掌管，當中的首要諸神包含弗雷（Frøy）與弗蕾亞（Frøya）。不過，增強索爾（Tor）和奧丁（Odin）等阿薩神族的勢力同樣重要，以便祂們有力量抵禦來自所有邪惡勢力、毀滅者的那些精心策畫的威脅——特別是那眾多總是意圖破壞和平與世界秩序的巨人；這群混沌怪物中，最壞、最狡詐的其中一個就是索列姆（Trym）。

神話詩《索列姆之歌》[1]講述索列姆偷走了索爾的戰鎚「妙爾尼爾」。這使得局勢險惡不祥，因為誰掌管了索爾的戰鎚，誰就握有世界的命運。索列姆藉機要脅豐饒女神弗蕾亞成為自己的新娘，作為歸還索爾之鎚的交換條件；但是這無恥的提議讓弗蕾亞大發雷霆，撼動了整個阿薩神域（Åsgard），所有生命的那套根基要是落入了邪惡混沌力量的支配，那麼諸神與人類的世界（阿薩神域與中土〔Midgard〕）可是前景黑暗。最糟糕的情況，結局恐怕會是世界末日，或稱諸神的黃昏（ragnarok）。（不過，洛基〔Loke〕這位神界的詹姆士・龐德很快就到場了，這齣劇最終便圓滿地結束。）

你我從中所見到的，是恐怖主義與敲詐勒索的典型例子，同時也體現著一種胡鬧或粗暴舉止，不幸的是至今尚未過時。要指出某個確實能讓人稍稍聯想到巨人索列姆的當代小丑，並不是什麼難事。

描繪古北歐不穩世界秩序的一種形象，為白蠟樹尤克特拉希

1 挪威文標題：*Trymskvadet*；古冰島文標題：Þrymskviða，為北歐神話主要來源文獻《埃達》（*Edda*，中文亦稱《詩體埃達》）當中收錄的第九首詩歌。

爾[2]——支撐世界之樹。世界的健壯與這棵樹有著密不可分的關聯，樹一旦倒塌，整個世界便會崩潰。

然而，就連尤克特拉希爾也受到混沌力量的威脅。樹的根部盤踞著尼德霍格（Nidhogg）這條可怕的龍，牠不停啃咬著樹，要脅著要讓它倒下；樹頂坐著一隻老鷹，兩端之間則是有魯莽急躁的松鼠拉塔托斯克（Ratatosk）跑來跑去。拉塔托斯克鍥而不捨地於生命之樹的樹幹上下飛奔，在老鷹與尼德霍格之間搬弄是非。

這隻松鼠的身上，恰恰體現著搖搖欲墜的世界秩序。拉塔托斯克唆使龍和老鷹爪牙相向的那一天何時會來臨呢？兩方什麼時候會將世界之樹化為一片戰場？

不難想像，愛搗蛋的松鼠今天可會如何在克里姆林宮（Kreml）與白宮（White House）之間兩頭跑，抑或只是在白宮與國會大廈（Capitol）之間的這一小段距離來回奔波。

今天的你我少了善良的神祇可以仰賴，必須互相增強彼此的力量，才能成功打敗我們這個時代的「拉塔托斯克們」，即我們自己那些國際舞臺上的無賴和丑角。因為，地球生命所面臨的種種威脅可不再是神話，善良的諸神和山怪都是我們。

我前面提到如今糾纏我們超過一年的大流行病。這段時間以來，偶爾會令人感到詫異的一件事，乃是注意到那些不「相信」大流行病危害（或預防感染措施有益）的人，往往就是不「相信」人為造成的氣候變遷、不「相信」演化論、不「相信」雨林無可取代的價值、當民主選舉的結果對自己不利時也不予以「信任」的同一群人。

要把他們認作是我們這個時代的山怪或混沌力量，易如反掌。山怪們尤見於網路上，就是所謂的「網路山怪」，他們日以繼夜

2 挪威文：Yggdrasil，古冰島文：Yggdrasill，由 yggr（「令人聞風喪膽者」，奧丁眾多別名之一）與 drasill（「馬」或「絞刑架」）二字組成，名稱可能與奧丁曾為掌握盧恩文字（runer/rúnir）的奧祕知識而倒吊於此樹上有關。

地運作，為了在人與人之間與國際社會製造不安與分歧；這個由灰心喪志又暴躁易怒的小山怪所組成的企業集團，他們試圖製造混亂並散播不實資訊，就跟陰險狡猾的拉塔托斯克沒什麼兩樣。這些山怪通常都是匿名和單獨行動，不過他們也會從自己的「山怪工廠」有組織性地現蹤。

小時候，我以為所有人都差不多是一樣友善的，現在可不再這麼認為了。我相信，神話裡善惡力量間的分別，同樣也存在於人類之間，要不然那些神話是從哪裡引用這種二元之分的呢？

有些人希望在幾乎各方面為建設世界與扶植人類同胞做出貢獻，我曾有幸見到一部分這樣的人；然而，卻也有人想加入摧毀世界的行列，或許特別是在可以匿名或暗中進行的情況下。這種人我也見過一些，有幾次還被他們似火的惡意燒到。

再來就是，我們大多數人都說不定介於這兩個極端之間。我認為生命所給我的教訓是，你我每一個人之中皆可能住著一隻小山怪。

父母能為小孩做的首要之事，大概就是善待並關愛他們；其次則是教育他們，在面對他人、面對弱小、面對動物、面對自然以及面對將來的世代時都要表現出善意與關愛。聽起來可能很老套，是很老套沒錯，但生命中最重要的事物往往都不那麼難用言語表達。

你我學習讀書寫字，你我也有可能是學會「善良」的，或是人們以略顯莊重的一詞所稱的利他主義；善良並不是一種會全然自行生成的特質。

對此，你們年輕人怎麼看呢？

每個人都應該偶爾站到鏡子前面，例如每個禮拜一次，正眼看著自己，問問自己鏡中的倒影：我是一個善良的人嗎？我希望我的人類同胞們好嗎？又或是將來的世代呢？對於維護我自己星球上的生命多樣性，我有做出什麼貢獻嗎？

鏡子會回答的。只要我們不移開視線，鏡子裡的那雙眼睛就會對我們自身報以注視。

我相信不是所有人都敢執行這個鏡子試驗，我自己也並非總是都有膽量。有些人打從一開始就會把這件事斥為幼稚而加以推託，我覺得那是有些懦弱的行為。

我一直都在想，幾個我從北歐神話引用的字詞，它們的起源本身就能夠說明善惡之間的衝突。

讓我先提到巨人。「巨人」（jotun）原意是食量大的人或「貪吃鬼」，與一個我們大家都認識的字同源，那就是「吃」（ete），也與「暴飲暴食」（fråtse）或「大型動物腐屍」（åtsel）等字詞同源，別忘了還有「肥胖」之意的英文單字obese。我們這個時代的混沌怪物，說不定正是這類暴飲暴食的貪吃鬼，包括我自己。顯示當今世界存在著的巨大不平衡的一個主要現象，乃是最貧窮與最富裕的人之間，或是說飢餓者與飽足者之間的差別。

在語言史方面，「華納神族」（vaner）這個代表著那些維護自然豐饒性及人類繁衍力之神祇的詞彙，除了和古羅馬愛情女神維納斯（Venus）的名字有關聯，還與「美麗」（ven）、「朋友」（venn）、「等待」（vente）以及「希望」（von）等詞相關；稍微換句話說，華納神族代表著「信、望、愛」。我們若是要成功保衛這顆星球的生態系統與生物多樣性，就會需要這株三葉草的全數三片葉子。

然而，當今存在於世界舞臺的聲音和決策者，卻都不明顯具備其中任何一項特質，無論是信、望還是愛。

既然你我正懷著談論神話的心情，那麼或許適合在此提到某件我覺得非常重要的事。

我曾不時遇到一些人，他們全然承認人類對地球的棲息地構成了威脅，但這些人竟然得出這樣的結論：因此，最有益於這個星球的事就是人類滅亡。

他們的想法如下：大地之母——或蓋亞（Gaia）——是一個活著的生物體，能夠調節自己的大氣，進而也能調節自身的「體溫」。現在，蓋亞發燒了，讓她生病的細菌就是我們人類；不過很快地，蓋亞就會擺脫我們，氣候危機便可放到此脈絡來看。

就連愛滋病、伊波拉病毒或COVID-19之類的大流行病，也可以被放到這樣的脈絡解讀。人類侵襲了生態系統，將蝙蝠等野生動物排擠進愈來愈狹窄的棲地，從而導致了跨越不同種動物的病毒所引發的流行病；這類流行病的爆發，乃是大地女神的自衛——或者該說是蓋亞的報復。

我見過一些人，他們一想到人類即將滅亡——為了蓋亞好，表現出來的是歡欣鼓舞的情緒；因為我們不在以後，大自然就會迅速恢復生機。

或許是吧，大自然會在我們不在之後回歸；可是我太人文主義了，難以接受這樣的邏輯，也恐怕幾乎想把那視為一種「生態法西斯主義」。

人類並不單純是有害動物，從全球的角度來看，還有也許在宇宙的尺度下，我們都是十分獨特的生物。少了我們，少了我們的存在、我們的意識以及我們於此星球和宇宙中的記憶，這顆星球可就不會一樣了；哪怕我們的缺席將使海洋與叢林得以康復。

我們必須兩者兼顧——挽救海洋與叢林，往後的旅程也親身參與。

〈骨科醫生與太空人〉

多年前，我曾在同一個月內，遇見了一位多疑的骨科醫生與一位輕信的太空人。

我先遇到的是骨科醫生。我一邊的膝蓋出了點毛病，拍了張X光照片；骨科醫生看了一眼，還來不及評斷結果，便立即抬頭看著我，問我對阿波羅有什麼看法。

對阿波羅的看法？他所指的是什麼，我完全摸不著頭緒。有間旅行社名叫阿波羅，我也當然想到了那位古希臘神祇；但幾秒鐘過後，我忽然明白了骨科醫生大概是在問什麼。

他是指那個航太計畫，也就是美國國家航空暨太空總署（NASA）的一次次月球航行嗎？

骨科醫生點點頭，很快地我們就進入一番更長時間的意見交流，不是針對我的膝蓋，而是關於我是否認為我們曾到過月球——他說的「我們」，就是指我們人類。

我試著解釋自己為什麼十分確信那是真的，卻變成雙方各執己見、僵持不下，因為持相反立場的他可是同樣篤定。我的其中一個論點是，俄羅斯航太當局若是不「相信」美國人確實贏了首先登月的競賽，就幾乎不會放過這件事而不提出異議。

然而，我想談的倒是我那發疼的膝蓋呀……

我以為醫生都受過自然科學教育，況且在這個地方，還用了現代科技對我進行檢查。這個人的專業背景，難道不該是某種防止陷入「一九六九年七月的歷史性『登月』，實際上是發生於內華達州（Nevada）一座祕密軍事基地」之類低劣陰謀論的保證嗎？但很顯然不是。

僅僅幾個禮拜後，我就見到了一個真正上過月球的人，具體來說是搭乘阿波羅14號的登月艙；那個人就是太空人艾德加・米切爾（Edgar Mitchell），他於一九七一年二月五日登陸月球，成為了踏上月球表面那一批人當中的第六位。

我聆聽了他在奧斯陸大學某大講堂內所主持的一場演講，內容富含啟發；不只如此，我在稍後的當晚還很幸運能和他一對一交談。

米切爾展示了自己月球漫步的照片，這讓我忽然想到，那名骨科醫生還真應該來這裡才對。

演講結束後開放聽眾提問，前幾個問題，皆圍繞在這位太空人是否相信地球曾被其他太陽系的外星人到訪，我聽著聽著便感到有點麻木——又是「相信」這兩個字。我覺得在場見證這一切很是尷尬、難為情。這兒，難得有一名美國太空人來到奧斯陸，秀出他自己在月球上拍的照片，然後竟然會免不了要針對多多少少神祕費解的幽浮與「外星生物」來訪的相關問題發表看法。在講堂裡，我碰巧就坐在專精月球航行的我國傳奇航太專家艾里克・湯貝爾格（Erik Tandberg）附近，不難注意到，連他的情緒也大受影響。

不過，太空人倒是給出了肯定的答案，毫無一句怨言。米切爾確信，人類持續不斷受外星生物造訪，這點有確鑿的證據佐證，但世界各地的當局皆想盡辦法加以掩蓋（美國國家航空暨太空總署強烈否認了這回事）。我恍然大悟，原來這位神祕學派的太空人在挪威擁有自己的一小群追隨信眾，由幽浮迷所組成，就是因為這樣才會冒出那些問題。

那時的米切爾，將會在晚年淡化這當中的一些內容，二〇一四年他在一次訪談中表明，自己發表過的各國設法掩蓋幽浮造訪事實的言論，只不過是他這方的猜測而已。然而，一直到二〇一五年，他卻還在一次新的訪談中聲稱，外星生物曾試圖阻止我們兵戎相見，對維護地球上的和平有所貢獻。

艾德加・米切爾於二〇一六年二月逝世。

我仍然堅信，這名開朗直率的太空人談論幽浮和外星人的來訪時，太過斬釘截鐵和天真。他是一位備受尊敬的月球航行家，但講到那一點，我認為他可就錯了。

宜居星球之間可是隔著極大的距離，在這些宇宙目的地之間，連光速都變得像是慢速列車。

不過我倒是可以想像，米切爾那些相信太空中存在著某種往來交流的想法，很可能源自於他從月球返航時（畢竟他自己行動嘛！）所獲得的一次經歷，他在奧斯陸演講尾聲敘述了那段經驗。

回程路上，米切爾沒有勤務在身了，他在月球表面完成自己的工作，可以不受打擾地坐著，盡情享受宏偉壯麗的景色。

早在他還在月球上行走並仰望著地球時，所謂的「總觀效應」（overview effect）就已經襲上心頭；很多太空人都報告過這樣的狀況：

「你會立刻產生一種全球意識、一種以人為本的價值取向、一種對世界現狀的強烈不滿，以及一種想做些什麼來改變這一切的衝動。從月球那邊看過來，國與國之間的政治顯得如此小家子氣。你真想揪住一名政客的脖子，把他拽到二十五萬英里之外的空中，對他說：『好好看看吧，你這個混帳！』」

在返回地球的旅途中，米切爾的內心便滿溢著一股強烈的喜悅感、一種在宇宙中並不孤獨的體悟。這名太空人用了「尤里卡[1]體驗」、「啟示」（revelation）和「狂喜」（ecstasy）之類的字眼。他體驗到自己與萬物合而為一，並獲得一種宇宙充滿了存在、充滿了意識的強烈體悟。

米切爾認為，大約四百年前，以人為本的價值取向，某部分偏離了正軌；長久以來，我們這個時代的唯物主義科學，遮蔽了你我存在的心靈層面。我們固然是由物、質所組成，因為萬物皆星塵；但你我也是意識，而且在更深的層面上緊緊相連，比我們原先以為的更緊密。我們彼此分離，卻又同時相繫，艾德加．米切爾說。

這位太空人娓娓而談之際，我的思緒又跳回到了自己曾過夜的那片樹林，在那個與寫信當下的雷歐差不多大的年紀。就是人生中的那一次，我短暫地與世界決裂，巴不得不再與之有一丁點瓜葛；然而正是在那時，我的內心被某樣事物給懾服，恰似現在這位美國太空人站在那大講堂最下方講著的同一件事。

在一個飽滿充實的片刻，我有了與萬物合而為一的體悟。我不只是到訪世界，我就是世界。哪怕我自己的小小「自我」有天煙消雲散，那也將會持續下去。

1 eureka，古希臘文 *εὕρηκα* 的拉丁化，意思為「我發現了」，相傳是古希臘數學家和物理學家阿基米德（Archimedes，西元前約 287–212）泡澡時發現了浮力原理所發出的興奮呼喊。

〈九個大腦〉

在亨森小木屋，我從小幾乎被熠熠閃亮的星空給寵壞了。我寫「寵壞」，因為在我們如今的日子，明朗的夜空已成了一種奢侈，那在以往可曾是唯一的可能性。

蠟燭與煤油燈吹熄後，我們便不會受到任何光害的干擾了。無雲的夜晚，唯一能使宇宙的景象變得黯淡不清的就是月光，在少見情況下還有翩翩起舞的極光。

這般絕佳條件現已不復存在。如今，遠方可能會有曲道滑雪坡發出微弱光源，淡化部分夜空景象，電燈也開始爬上了草木不生的高山。

不過我們依舊看得到星星。

打從我還小，對天文學也仍一無所知，這種夜空視角的某些地方便總是吸引著我：星空中那天涯之外的地方，說不定正佇立著某些生物，像我一樣窺望著宇宙？我們的太陽，是不是也被當作數千顆其他星星中的一顆來仰望呢？

兒時的我會想：此時此刻，天外搞不好有個小女孩或小男孩正在看著我？

那是在我了解到太空中並不存在任何「現在」以前，也是在我認清外太空幾乎不可能有「女孩」或「男孩」之前。

長大以後的我表達方式略有不同，我會問：

意識是一種宇宙的巧合嗎？

我們先前問過，我們星球上的生命乃是獨一無二、宇宙中絕無僅有的事物，還是可能代表著一種更普遍的宇宙現象，即完全在「常態」

之內，因而也是符合生命必要**條件**——如原子、恆星與行星——的這個宇宙本質的典型特色。

可是意識呢？除了生命之外，意識也有可能分布於宇宙中嗎？若是如此，那麼這種現象也得被算作宇宙的基本特質之一——如同該名美國太空人所明確提倡的。

還是說，就「孕育出你我這般的有意識生物」這件事而言，我們這顆星球上的生物圈可能一直都是唯一特例？

簡答之：我們並不曉得。不過，問題本身倒是問得不差，因為意識要麼一次次地在宇宙時空中迸發，要麼沒有。我寫「迸發」這個詞，是因為在宇宙的尺度下，必要的幾百萬年演化歷史，不管怎麼說都是規模甚小的時段；人類與黑猩猩的演化路徑分道揚鑣，距今才不過六百萬年而已。

我們所說的意識又是什麼意思呢？

昆蟲或甲殼類動物，或許具備有效的感官，但我可不會把那稱為「意識」。我仍認為，大黃蜂或龍蝦確實能夠於自身內部感受到自己「存在」，感受到自己正嗡嗡地流連於花朵之間，或是正在海底的岩石海床上爬行，也就是感受到自己活著；然而，牠們卻不太可能會「意識到」這些肉體上的感受。儘管如此：再怎麼「無意識」，自然界仍說不定幾乎處處——草地、樹木或海床——都會搔癢和發癢，這點想起來還是很奇怪。

狗或馬具有意識，毫無疑問，對於大山雀和松鼠我也會這麼認為；可是要想像青蛙或魚也有什麼內在生活可言，對我來說就比較困難一點了。（雖然說牠們擁有神經系統，感受得到疼痛，所以大概是會痛苦的。）

狗和馬還擁有帶有意識的思維與想法——無論這些念頭再怎麼一時興起，你我或許會納悶，身處動物的腦袋裡會是如何。狗和馬皆能感到恐懼或喜悅，或許還有悲傷與失落，但「狗派思維」與「馬派思維」相差甚遠嗎？還是說，個體差異——例如狗跟狗之間的差異，與不同種高等哺乳類動物之間更為結構性的差別，完全有可能一樣大呢？我不知道。至少狗所具備的嗅覺比馬優越非常多，那賦予這種動物一幅先進的「地圖」以辨別方位，這是牠們除了較一般的智力以外的附加能力。

不同動物具有「自我意識」到什麼程度，可以進一步探討——以及研究！除了我們人類，表現出明顯自我意識跡象的，就只有少數幾種其他動物，例如在見到自己的鏡中影像時；不過，倒是有幾種猴子、海豚、大象和烏鴉都通過了諸如此類的鏡子測試，清楚說明牠們擁有自我意識。

喜鵲若在鏡中那隻鳥身上發現了色斑，便會明白是牠自己身上有這點色斑，並會試圖抖掉或擦掉它。其他鳥類及動物就只會攻擊自己的鏡中倒影，或試著逗弄，不會認知到牠們在鏡中所見的就是自己。

儘管如此，從動物意識到人類意識，仍是很巨大的躍進。人類不只是對自己、對最親近的家人以及自己的棲息地有總括的了解；我們擁有一種強大得多的意識器官，使你我能夠認識到自身存活在的整個宇宙。就這點來說，我們可是唯一特例，至少在咱們地球這兒是如此。

人類具有的意識，某種程度上絕對可謂「完整」，我從小就對此感到驚奇。你我乃徹底完全地存在著。

我們擁有一種獨特能力，能置身於自然界其餘物種之外。我們沒有被禁錮於狗的大腦內，也不會心神恍惚地四處遊蕩，如同有時睡夢中會做出的那些舉動（無論是夢遊還是頭躺在枕頭上）。

就這方面來說，我一想到在那個我曾做的「讀心者」之夢裡，自己被耍得團團轉，幾乎感到無地自容。我應該要更明察秋毫、抱持多一點懷疑的，進而看穿與那名高大男子的邂逅只是一場夢；不過，假如我是在清醒狀態上當而神智不清的話，回想起來可會更加令人難為情。

可能是我天真吧，但我相信，世界就是你我所經驗的那個樣子；

我們並不會到哪都不斷感到迷茫困惑。我們具備一種才剛完全抵達的感官與意識，但僅達到剛好超過終點線的地步而已，還是我應該寫「超出水面」比較貼切呢？我認為，對於你我所存活在的這個世界，我們已獲得充足的概觀。我們發展出了某種理智，似乎正好適合用來經驗整個宇宙，但也僅止於此程度，你我照樣會因奧祕而感到頭暈目眩。

仍然有很多事情是我們不明白的，縱使你們這幾位我現在的致信對象，有天對世界的了解會大大多過今日的我們，真正的「宇宙奧祕」，恐怕也會是始終如一的不解之謎。

不過，我可不認為我們受到感官知覺的愚弄；我們擁有的理智、或維持的科學傳統及共同智慧資產，也沒有蒙騙你我。我相信我們大腦的螺絲是妥善鎖緊的。

當太陽從東邊地平線升起時，我們不再受騙了。你我腦中能同時有兩種想法，可以一邊享受日出原本的樣子——就是日出，一邊仍十分清楚是地球繞著太陽轉，而不是反過來。

我覺得很不可思議的是，我們竟然擁有一種涵蓋整個宇宙的意識；不只如此，這個意識還有辦法一路追溯宇宙的演化，幾乎直至一百三十八億年前的大爆炸。唯有來到了爆炸後的那一剎那，我們的認知，才碰上了一條不可逾越的界線。

因此，我們沒辦法問大爆炸「之前」是什麼，至少不能期待任何答案，時間與空間的誕生就是在那個時候；然而另一方面，我們也不能斷定大爆炸就等同萬事萬物的起始，雖然有些人認為那正是「創世時分」。大爆炸倒也有可能，是從一個狀態轉變為另一個狀態的固定延續。

但夠了夠了，這類最極端的問題就到此為止。

當我進行漫長的思考散步之旅時，有時會驀然發現，自己正在沉思一些諸如此類的大哉問。我可能會想，宇宙已發展出對自身的意識，更確切地說，是在我們人類的身上，但搞不好也存於截然不同天體上的其他生物意識裡。

我表達得如此繁冗，是因為我遇過一些科學家，他們對「宇宙已發展出對自身的意識」之類的說法嗤之以鼻。那大概是他們帶有成見，某種程度將這類表述解讀成迥然不同的意思，像是：宇宙將逐漸從某種形式的宇宙沉睡中甦醒過來，而總算變得有自我意識，這向來都是宇宙的「意義」或「目的」。但那可並非我的本意。

宇宙**已經**發展出了一種對自身的意識，即便只有在這裡，也就是我們身上。這是事實，而且我認為是一件絕妙的事，棒呆了，我覺得你我可以為此開幾瓶香檳慶祝。

或者就像我曾寫過的：「眺望宇宙的眼，正是宇宙自己的眼。」[1]又或如我同樣寫過的：「大爆炸發生了一百五十億年以後，給它的掌聲才終於響了起來。」[2]

---

1 來自作者一九九九年所出版之《瑪雅》（*Maya*），引文中譯取自足智文化於二〇二〇年十二月出版之譯本最後一章〈箴言〉（此章節由傅佩榮翻譯）。

2 同上。

因為我畢竟不相信，在這裡存在生物以前，宇宙曾具有任何內在的「靈性力量」。那個意識發展過程究竟是必要的，換言之無可避免，還是正好相反，是排除萬難而發生的，對此我也不持立場。

問題是，宇宙中的其他地方，是否也多多少少並行發展出了同等的「宇宙意識」呢？我不覺得這有那麼難以想像。你我所記得的一點是，不存在任何宇宙通用的「現時面」；不過，宇宙通用的「認知面」倒是說不定存在。我認為，在宇宙的時空內，可能已數度發展出（差不多）同一種自然科學世界觀，等同於我們根據自身文明所知的。這是個懸而未決的問題，我也不曉得。但是，考慮到大爆炸理論的宇宙意義，假如它純屬人類特有的理論——要是理論正確，再說要是其結論皆正確，那可就很詭異了。同樣的道理，必定也適用於化學元素週期表，因為就連原子與基本粒子也都是宇宙的現象。

我們人類或許並不如我們想像得那麼獨特；不久之前，人們仍理所當然以為地球——還有我們自己——就是宇宙的中心。

親愛的各位，這番話我前頭才談過，可我倒是很樂意再提一次：在你們一生的某個時刻，人類要接獲宇宙其他地方也存在著智慧生命，並非完全不可能，機率也許甚至不小；因為無線電天文學正在日新月異，尋找外星智慧的行動也持續進行中。一想到這些，便可以令一位爺爺興奮不已。

也許我應該在此補充，外星智慧存在的想法，未必只會讓你我感到雀躍開心。有一些電影皆恰恰對此提出了警告，抑或如史蒂芬・霍金（Stephen Hawking）曾言：「我們只需要看看自己，就能明白，智慧生命恐會演變成我們不希望遇上的樣子。」

然而我覺得，我們若漸漸不得不習以為常地接受，參與宇宙認知這般宏偉事物的，或許只有我們——智人（Homo sapiens）兒女，那可會有多令人沮喪。萬一是這樣的話，我便覺得，這讓我們顯得好赤裸，又暴露於風險之中；我的意思是，萬一我們的宇宙理性是一種地方特色，僅限於太空中我們的隨機一角。要獨攬這件事的全責，實在會太多、太難以勝任了。這整個浩瀚宇宙的自我意識——如此偉大又獨特的事物，不可以由我們一力承當。我們說不定坐擁所有的宇宙金雞蛋在我們的小小籃子裡，對此，我可幸災樂禍不起來。

不管怎麼說，在太陽變成紅巨星並貪婪吞噬掉涼爽宜人的行星之前，這個地方的時間本來就有限了。

在宇宙的尺度下，生命的分布大概比意識還要廣泛非常多。生命為意識的必要條件，卻絕非同一事物的任何保證。這個星球也是花了很長一段時間，才有簡單的單細胞生物體以外的生命存在。

但在五億年前，具有先進複雜感官及發達神經系統的生物體大量演化而成，漸漸也產生某種形式的意識。那是生存之爭中的一場魯莽狂飆、名副其實的「軍備競賽」，或者更正確地說，是一場完全符合達爾文演化論的生物競賽：多細胞動物的群體一旦建立，後代之間便注定會出現變種，而推動新特徵演化而成——比方說更先進的感官——的驅動力，就是天擇（natural selection）。

達爾文演化論可能具有宇宙通用的效力，機率並不小，純粹由於該理論如此不證自明：生存之爭中表現最好的變種，就是那些存活下來、生出具繁衍力後代的變種。

宇宙中是否存在生命，我們畢竟一無所知，在沒有任何一類發現的情況下，這就首先成為一個機率問題，而宇宙的數字可是很龐大的。不過，我們現在若能想像，各式各樣的生命確實是一種廣泛現象，那我們還能在多大程度上期望找到具有意識的生物呢？

或是換個方式表達，下列何者機率較大：（一）活的生物體自無生命的自然中產生；（二）意識於某個時刻在活的生物體之間產生？

問題（二），與試圖計算宇宙中生命存在之概率的（一），看起來起碼一樣充滿臆測；因為不管是哪一個，我們都沒有經驗性證據，不是嗎？

嗯。我們也許可以從自身星球獲取一些經驗。在這裡，意識已經一次次被證明為一種常見或「普遍的」[3]現象，各種迥異的神經系統大致上互不影響地誕生並演化而成。

幾種烏鴉所具備的記憶力，以及有意識地計畫和解決問題的能力，可與比方說人類的能力相提並論；即便如此，這兩方各自的能力，卻是平行發展的演化特徵，是分別經過幾億年完全獨立生成的。我們必須在演化樹上回溯這麼一大段距離，才能找到鳥類與哺乳類的相連點。我們得一路回溯到最早的爬蟲類，那些動物當中既不存在多少意識，也沒有什麼理智；因此，哺乳類的大腦構造也就全然不同於鳥類大腦。

軟體動物與哺乳類之間的演化生物學差距——以及須往回跳的時間——更是龐大得多。不過，神經生物學倒是在對章魚的神經細胞進行研究，以便更了解人類的神經細胞——還有意識；雖然說，章魚神經系統的建構方式，完全不同於哺乳類及其他脊椎動物，形成方式完全不同，又或是起源方式不一。

章魚最類似太空生物（原文如此！[4]）——牠們具有三顆心臟、八條觸手和九個大腦。這種令人讚嘆的軟體動物，八條觸手各有一個獨立的大腦，加上一個頭部的中央大腦；但是九個大腦就像一個神經網路，所以能夠交換訊息。

是的！給我任一顆生氣勃勃的星球，上頭滿是形形色色的生物；在那裡，我們便大概也會發現源源不絕的各式意識。

除了一系列的詳細問題，如今的自然科學還面對著兩大謎題，即宇宙的最初剎那間發生了什麼——以及意識本質為何的問題。我們沒

3 挪威原文 universell，另含「宇宙的」之意，作者的引號正是為了強調這個雙關。

4 原文為拉丁語 sic erat scriptum，常縮寫成 sic，意即「原文如此」，「原文是這麼寫的」。一般置於括弧內，有兩種不同用意：一是表前面引用的原文有誤，非引述者誤植；二是用於諷刺挖苦，將讀者注意力吸引到愚蠢或令人吃驚的資訊上。作者意圖顯然為後者。

有理由認為，這兩個搞不好最大的謎團之間有任何關聯，但也不能排除有這樣的關聯存在。

〈人生在世的問題〉

若要說生命教會了我什麼事，那便是人除了是人，還是人。薄薄一層文化差異之下，你我的想法並不總是都那麼不同。我們有著許多同樣的需求，腦中也常常思考著相同的哲學問題；這些問題，通常分為兩種不同的類別。

其中一類由很可能**有**答案的問題所組成，但我們恐怕難以獲得解答。這本書裡，我們已經問過一些這樣的問題：大爆炸是什麼？宇宙的本質為何？這裡存在著有意識的生物，是完完全全的僥倖嗎？有沒有可能，宇宙中好幾處都發展出了一種宇宙意識？這樣的宇宙意識是到處都一樣，還是說，外太空的某些生物能夠看穿的世界奧祕，可能比我們多很多呢？

可是，當答案反正遙不可及的時候，問這樣的問題有什麼意義呢？過去，人們會說這就跟討論月球背面一樣徒勞無功。

由於所謂的受俘自轉，月球總是以同一面向著地球，背面因此一直都處於人類看不到的隱藏狀態；不過就如先前提到的，一九六八年十二月，阿波羅8號載著三名太空人繞行了月球，自此，月球背面便再也不是什麼祕密了。（為求準確應當一提，蘇聯的探測器月球3號〔Luna 3〕早在一九五九年就拍攝到第一批月球背面的照片。）

月球背面的問題並非唯一得解的例子，其他現已解決的大謎題，可是從沒少過：

南極看起來是什麼樣子？喜馬拉雅山脈為什麼那麼高？美洲大陸的東岸為什麼看起來就像一塊拼圖，與歐洲和非洲的西岸有如戴上手套的手一般契合？為什麼火山會爆發？太陽為什麼是熱的？恆星是如何誕生的？恆星死亡時又會發生什麼事？彗星是什麼？在我們的太陽系外有行星存在嗎？地球年齡多大了？原子是如何產生的，又是由什麼組成的？何謂生命？所有的動植物種是怎麼誕生的？何謂遺傳？人類是怎麼來的？我們為什麼會生病？大流行病怎麼產生的？

對人類來說，這些曾經都是巨大謎題，但如今，上述全部的問題，我們都能夠給出多多少少精確的答案。比起不過一百年前，我們對世界的了解就多出了這麼多，我覺得這可是教人嘖嘖稱奇。

成就這一切的先決條件，向來是那些從不畏懼幻想「月球背面」的人。如今人們幻想著截然不同的問題，本世紀間，人類認知中的這些空洞，便會有許多個被洞見給填補。

第二類問題由人生哲學議題組成，這些問題**沒有**最終解答，也永遠都不會有，但卻依然可能是人類該深思熟慮的關鍵事項。

何謂美好人生？何謂公平正義的社會？何謂愛？或是友誼？有可能同時愛著兩個人嗎？我對我的人類同胞有何責任？人人都是同等重要嗎？為什麼我們會覺得某樣事物美麗，又是什麼讓我們認為某樣事物醜陋？什麼是寬恕，又該在何時原諒一個人才叫恰當呢？

儘管這類問題沒有什麼最終解答，我的意思是，永久或普世的答案，提出這些問題卻可能依然很重要。若不彼此詢問美好人生有何特點，你我就不能期待過上美好的生活；若不試著定義公平正義的社會，你我就建立不出一個公正的社會；在我們仔細思考什麼是愛之前，也大概不太能在線上約會有所斬獲。

這世上有所謂的運氣，不過也有所謂的生活藝術。某種程度上，你我都對自己的人生負有責任。

我還在就學時，不論是小學、中學還是我們那時所稱的高中[1]，老師有時會將課程引導至他所稱的「倫理學」，這幾節課便通常會化為班上的漫長討論。然而據我所記得的，那些討論的主題大多是種種我們**不**該做的事——例如中傷、冒犯或傷害他人。

舉例來說，為了不讓他人擔心或難過，我們是否可以接受善意的謊言，還是永遠都該實話實說呢？我們讀了亨里克·易卜生的的劇作《野鴨》，討論著葛雷格爾斯·韋爾勒將赤裸裸的事實告訴亞爾馬·艾克達爾是否正確。

此外，班上的漫長討論，還可能圍繞在全然不貼近生活的問題：想像你坐在一座俘虜營裡，有一百人將被槍決，但你要是擔起執行這起惡行的重責大任，那麼射殺五十個人就夠了。這個情況下，怎麼做在道德上才會最有理呢？

我想不起來有哪位老師問過我們：你想要用你的這一生、你在世上走的這一遭做什麼？你想實現什麼特別的心願嗎？還是有哪個特定任務是你可能有興趣協助解決的？你覺得達成什麼會是最酷的？分組坐在一起，互相討論你們認為怎樣的人生才是美好人生；儘管多講一

1 挪威原文：gymnas，此概念源自德文 Gymnasium，一八六九—一九七四年間挪威的高中通稱，自一九七四年起此概念被另一挪威文詞語 videregående skole 所取代。

點，並為你們想過的人生寫下至少三個不受拘束的目標！

我們沒有被教導要為自己的幸福負責。我在一個典型的基督新教國家長大，除了宗教，這個國家還深受勞工運動的理想影響；當時的文化主張謙卑不亢、低調拘謹和團結一心，這些全都是很重要的美德。但除了那些，還有所謂的「洋特法則」[2]：不要以為你很特別……不要想像你比我們優秀……不要以為你很能幹……

為自己設定高遠目標，這在當時簡直不合時宜，那類目標不會被眾人考量究竟是對是錯。可是，希望自己好也同時希望他人好，兩者並不見得要互相衝突；我會說正好相反，相較於把自己人生搞得一團亂而煩惱自身都來不及的人，那些對自己感到還算心滿意足的人，反而比較容易也對他人帶來重大影響。

在我們的文化圈裡，特別是古希臘人曾提問「什麼才能讓人快樂」——或是「何謂美好人生」。我認為那是一個人人都該自問的問題。

我們固然有著傷害彼此的能力，只要生活在彼此附近，或甚至互相照料，你我就有可能踩到彼此的腳趾頭；不過我倒認為，我們大多數人所身陷的自我傷害風險更大。

所以說啦，親愛的孫子和孫女，比起擔心你們會到處絆倒別人，我其實更擔心你們可能會被自己給絆倒。

《豆蔻法》[3]明文規定：「不對他人造成困擾，待人接物和善友好，以上兩點只要恪守，隨心所欲便可接受。」

---

2 Janteloven，丹麥裔挪威作家阿克瑟爾・桑德摩瑟（Aksel Sandemose, 1899–1965）於一九三三年出版的小說《亡命之徒的自白》（*En flyktning krysser sitt spor*）中提到的十條戒律，「洋特」（Jante）為小說主角所成長的虛構丹麥小鎮；此套法則體現了群體對個體獨特性與成就的打壓，對挪威與丹麥等北歐國家社會價值觀有著一定影響力。

3 Kardemommeloven，引用自挪威作家兼插畫家托爾比約恩・艾格納（Thorbjørn Egner, 1912–1990）於一九五五年所發行的知名童書《豆蔻鎮的居民和強盜》（*Folk og røvere i Kardemomme by*），為書中虛構之「豆蔻鎮」的唯一一條法律。

這沒有什麼問題，不過我會想改掉這法條中的三個字，把最後一句改成：「隨心所欲便**為必要**。」這也可以被視為一項道德義務；你不僅「可以」容許自己為所欲為，你還一定要這麼做。（只要不對他人造成傷害……）

✧

多年前，我曾在一場主辦方命名為「哲學青年會議」的活動，準備與一大群觀眾見面。活動以一場簡短的臺上訪談展開，接著逐漸開放觀眾發言。

節目開始前，我與主持人一同待在後臺的房間，在被叫上臺前的那幾分鐘，我們坐著東聊西聊；可是沒過多久，她就頓時集中了注意力，用堅定的眼神看著我問道：

如果一個人過著已婚的生活，卻突然喜歡上另一個人，他說不定是你生命中的「真愛」，那該怎麼辦才好？是該繼續和同你安穩生活了多年的男人在一起，還是應該跟隨自己的心而獻身於真愛？

我以為她是想要在我們上臺前先暖身，以為這個主題正好就是我能預期會被問到的，無論是主持人在開場介紹中提問，還是與會觀眾發問。然而，我卻同時注意到她的嘴角有什麼在顫抖著，便明白那是個私人問題，關係到她自己的人生，她正遭受著精神上的折磨，如同人們會形容的那樣，又或是良心不安的痛苦；也明白了她這麼問，是趁自己還跟「哲學家」兩人面對面時，藉機尋求建議。

她提出的問題，可正是那種沒有最終答案的問題，而且我先前並不認識這名女性，也不認識她的丈夫，更別說是那個新歡。此外，對於她顯然交付到我身上的一定權力，我也感到不自在；但我們共事在即，我便覺得該給她一個答案。

我想自己說了類似這樣的話：如果她這次得出的結論是，她必須「跟隨自己的心」，就像她說的，那麼當遇到下一個十字路口時，她或許便沒辦法也做出同樣的決定了。這時舞臺監督衝了進來，我們便小跑步上了臺。

主持人先以充分準備過的介紹開場，提出一些我們可能會回過頭來談的問題，接著我們就在臺上簡短地對話，最後輪到觀眾發言。大廳裡有好幾名助手四處走動，不斷將麥克風遞給高舉著手的觀眾。

我很快就被各式問題與發言轟炸，大致上均分成我提過的那兩個類別，而所有我必須設法回答或反思的問題之中，有一個和主持人在後臺裡問過的類似。

我被問到是否相信「真愛」。

這是一個我很常被問到的問題，次數多得驚人，但仔細想想，或許也沒那麼奇怪，因為它深深關係到許多人，幾乎就像攸關生死的問題。

我予以肯定回答。不過同時我也進一步指出，我並不認為「真愛」這種事是偶然遇上或突然捲入的；這不像是中樂透，也不是從天上掉下來的，好似童話故事裡那般完整現成。

如同所有的人際關係，愛是一個參與者本身共同維護滋養的過程；某種程度上，你我也都對自己的感情生活負有責任。（這說起來容易，我很清楚；可是我當時沒有這麼說就是了。）

✧

針對自己的某本特定著作，被讀者問到一個特別巧妙的問題，是許多作家都有過的經驗；那個問題所涉及的，可能是某個連作者自己都幾乎沒想過的面向。

另一方面，某些問題則是重覆得太過頻繁，每當這類問題出現，作者都要不禁莞爾。我面對的這類反覆出現的問題向來是：《蘇菲的世界》裡的主角為什麼是女生？

我一直都覺得那是一個格外逗趣的問題，也從來不厭倦回答，尤其是因為，提問者通常都會散發出某種自認發問別出心裁的志得意滿；當事者畢竟不曉得，我可是回答過同一個問題好幾百次了。

有時我會以反問來答覆：為什麼不呢？不然就是：為什麼不該是女生咧？

或是我可能說過，《蘇菲的世界》出版前一年我寫了《紙牌的祕密》，那是一對父子的故事，所以接下來的這年主角就換成女孩。

不過後面這個回答並不是特別切題。這部哲學小說的主人翁**必須**是女生。「蘇菲」（Sofie）源自希臘文 sophia，意即「智慧」，在希臘傳統中為女性概念；該字衍生出了「哲學」（挪威文：filo-sofi，拉丁文：philo-sophia）一詞，自柏拉圖的時代起，這個詞就被用來指「愛智」。

甚至在教會歷史上，特別是早期教會和後來的正教會中，上帝的「神聖智慧」也一直是個中心概念；或稱 hagia sophia，如同君士坦丁堡（Konstantinopel）那座雄偉教堂的名字[4]。

希臘的智慧女神雅典娜（Athene）與羅馬的米娜瓦（Minerva），是其他類似的女性智慧化身；除此之外，我們還有「智媼」[5]之類的大眾概念。

不過，為什麼智慧會被認為是女性的原則呢？你我可以對此加以揣測，我就曾和無論國內外遇見的一些人一起推測。

對許多女性而言，**試著理解**似乎是一件很基本的事，而哲學畢竟就是這麼一回事；然而對部分男性來說，**被理解**好像才是更重要的——那簡直可謂哲學活動的反面。

這時通常會有人合理地追問：那麼，哲學家大多都是男性，是什

---

4 指位於現今土耳其伊斯坦堡的聖索菲亞，過去為大教堂，二〇二〇年被土耳其當局改建為清真寺。

5 挪威原文：klok kone，直譯「聰明的婦女」，挪威一種現已式微的職業名稱，以傳統醫學或自然藥物為基礎來治療疾病的女性，安妮．布蘭菲耶爾（Anne Brandfjeld, 1815–1905）為挪威最知名並受敬重的智媼之一；譯者自創此中譯名時參考了中文「治癒」諧音。

麼原因呢？

歷史上其實有過多名女性哲學家，她們就只是在數世紀的男性主導文化中不被強調和廣傳罷了。女性作為性別向來受到壓迫，作為知識分子亦然；不久前，女性仍被禁止讀大學，直到一八八四年才有法律通過，賦予女性進入奧斯陸大學學習的權利。

再者，當然也有一部分男性哲學家，與其說擁有理解欲，反而是投注更多心力讓自己被理解；這種情況下，他們恐怕是違背了自己身為「愛智者」的職責。

柏拉圖眼中的哲學家典範——蘇格拉底（Sokrates）說，他唯一知道的就是他一無所知；另外他也說了，他是從有智慧的女人狄奧提瑪（Diotima）那裡，學到了有關愛（Eros）的一課。與蘇格拉底相反的，乃是所謂的**詭辯家**（sofistene），這群人四處炫耀他們所擁有的一切知識，而且一有高額報酬，便能滔滔不絕地講起課來。

這類對比在我們國內有一個絕佳的例子，在亨里克·易卜生的

《玩偶之家》[6]最後一幕被勾勒了出來。這幕很明顯可以看到，對諾拉（Nora）來說，設法了解她的丈夫托爾瓦爾（Torvald）以及何謂婚姻，可謂當務之急；除此之外，她還需要試著了解她自己、了解宗教，並了解身為人是怎麼一回事。同樣顯然的是，托爾瓦爾並沒有做出任何相對的努力來嘗試理解諾拉，或是他們的婚姻出了什麼問題；但他倒是屢次三番地企圖讓自己被理解。

當我討論這個問題時，有時會察覺幾位男士眼簾低垂；但我不知道那是他們覺得自己被說中了，還是他們可能反倒自覺受到不合理的攻擊。此外我也會注意到，有一部分坐著聆聽的女性眼神閃閃發光，咧嘴微笑。

這種情況下，我便可能會覺得有必要進一步說明，我的用意並非

6 挪威原文標題：*Et dukkehjem*，易卜生於一八七九年所作之劇作，共三幕，同年12月21日於哥本哈根的丹麥皇家劇院（Det kongelige Teater）首演，此作對十九世紀的婚姻模式做出尖銳批判，為易卜生最廣為人知的代表作。

在於講述男人或女人的天性。我當然見過很多固執己見、自以為無所不知的女性，一心只想著申述自己的觀點；我也遇過一些男性，他們是千真萬確的真理追求者，也就是真正的「愛智者」。

比起那種被理想化的男女差異，人性所達的層面可是更加深入一些。

人類最根本的特質之一，絕對非虛榮心莫屬了；渴望受他人喜歡、被他人看見、受他人愛戴——也被他人記住，這些都該算是全然的人之常情。我們全都有這樣的特質。

至於自負這點，我可就不會這麼說了，並非人人皆自視甚高。不過，我倒是一向都很樂於見到驕傲自負的人，他們總會有所展現，展現他們自己。他們是天生的焦點，至少在他們眼裡是這樣；他們可以極度裝腔作勢，往往也是擅長說（關於他們自己）故事的高手。

我曾在倫敦見到這麼一位做作鬼的典範，他是一位知名作家。我們在一家酒吧裡頭相遇，和各自的出版社人員一起，雙方人員顯然以前就互相熟識了，結果就變成大夥兒一同圍著一張大圓桌坐了下來，我想我們一共有八人。

桌子四周，著名作家乃是唯一的焦點、是圓形磁鐵的唯一磁極，他可絕不會接受任何不一樣的局面，說不定其餘會眾也不會接受，至少和他一起來的那些人不會。

他又是微笑，又是大笑，但就是什麼都不想談論。他只想和我們開玩笑，沒多久他便拋出了誘餌。

這位名作家想知道，莎士比亞筆下的角色中，每個人最喜歡的是哪一個，先從自己左邊的女人問起，展開他的繞桌審問；他彷彿是坐在方桌短邊的首席，這在桌子實際上是圓滾滾的情況下，可還滿了不起的。

莎士比亞的許多人物都被提到了——理由也都很充分。我想這個遊戲有條規定，就是不得提到同一個人物兩次，不過對於一群倫敦的文化受眾，倒不成什麼艱鉅挑戰。我提到了《暴風雨》（*The Tempest*）的普洛斯彼羅（Prospero），這部劇作被認為是莎士比亞的最後一部；哈姆雷特（Hamlet）和馬克白（Macbeth）在那時都被用掉了。

很快我們又回到了起始點，也就是圓桌的（唯一）短邊首席處，遊戲主持人自己則是猶然一下微笑、一下大笑，一雙眼睛眨呀眨的。

所以誰才是他自己最喜歡的莎士比亞角色？

他放聲大笑，笑聲中並非全無一絲嘲諷。「聽好了，」他說，某種程度流露出居高臨下的寬厚，「我自己就是名詩人！**我**當然不可能有什麼『最喜歡的』莎士比亞角色。」

他沒有說他**就是**莎士比亞，不過我覺得那就是他的意思。我們都中了他設下的圈套。

不過我很樂意重申，見到驕傲自負的人能令我感到歡樂，這位趾高氣昂的老兄也不例外。

在這世上，你我一同活過宇宙的短暫幾晌，然後我們當中竟然有少數幾個人，在於他人面前自我膨脹這件事之中找到最大的樂趣。彷彿死亡不存在；彷彿繁星不存在；彷彿貧窮與疾苦不存在。

我覺得這很滑稽，雖然說也帶有幾分簡直令人感動的無憂無慮與天真爛漫。

✧

哪些人生價值是最重要的？對此，我也見識過某種程度的全球共識。這說到底並不那麼奇怪，因為人乃為人。

如果我強調良好的健康是一項基本價值，世界各個角落的人都會點頭，健康的身體的確是幾乎所有其他價值的先決條件。餐桌上的食物、家人與朋友——大家點頭如搗蒜。另外還有一項，我也從與我交談過的人得到了認可，那就是對我們絕大多數人來說，擁有愛人與感情生活是極為重要的；大家再度點點頭，現在甚至露出一抹溫暖的微笑。

可是一旦我指出，體驗自然或原始無損的大自然，是一項不可或缺的人生價值，原本緊密的共識便旋即被打破。我曾被這樣的話打斷：「哦……你會這麼說呀？還真有意思……」我便會恍然發覺自己是挪威人，因此並不總是會繼續往那個方向深談，不會接著詳加描述幽幽的森林、清爽宜人的山地以及充滿考驗的登山之旅。

我遇過一些人，他們說自己從未看過滿天星斗的夜空，或是除了公園裡的鳥、松鼠，還有也許幾隻小鹿之外，連一隻大自然中的野生動物都沒見過；那些也不是什麼他們表明自己錯過了的事物。（我覺得這有點令人害怕不安，或者該說不祥。人類是不是恐怕會習慣於沒有自然的生活呢？）

另一個挪威或北歐國家的特色，乃是近乎實踐的性別平等，或至少追求平等的理想。

在一九七〇年代，作為一名年輕男性並不總是那麼輕鬆，短短幾年之間就發生了翻天覆地的變化；可是今天絕大多數的男性都會說，比起婦女未解放、未爭取平等的生活，他們現在的人生反倒更豐富多彩。

這再次成了人生中最大價值為何的問題——是無止盡的董事會議，還是陪伴自己的孩子。

我記得八〇年代的某一次，我和另一位爸爸一起站在某家幼稚園的階梯。他看起來壓力非常大，接著就脫口而出：「天哪，養小孩怎麼這麼花時間！」

還來不及仔細思考他的話，我便也同樣就這麼脫口而出：「是啊，」我說，「人生可**花**時間了。」

不同的人生價值是可以估量或互相比較的嗎？我不認為有那麼簡單，但我偶爾會半真半假地思慮著，在這方面，臨終的人可能會有什麼樣的反省。

我不太能想像，會有很多人臨終前為了自己沒能追看更多電視劇而抱憾。不過，這麼說可並不等同此項活動毫無價值，打開電視、看看電影是非常愉快又放鬆的事。

我也不曉得會不會有很多人說，他們真希望自己讀了更多本小說，或是參加了更多場音樂會。就我自己而言，我倒是比較能夠想像，自己可能會後悔沒能去爬更多的山。

在這類的價值問題，你我之間的差別甚大。我自己是不太能理解對於保齡球、高爾夫球、騎馬或養狗的熱愛；但這可並不代表我無法領會，諸如此類的活動恰恰可能成為他人生活的重心。

也許還有另外一類想法，會跟隨著一個人進棺入土：我沒有與哪位老友重新聯繫；我沒有花時間培養更多友誼，或是多陪伴自己的父母或孩子；我沒有原諒他或她；又或是我背叛了另一個人。

還有：我沒有更認真地對待我自己；我讓我的才華被埋沒。

抑或是：我沒有投注更多生命幫助難民和世上最貧困的人民；我沒有更多加參與對抗氣候瘋癲狀態的奮鬥。

〈晚霞〉

親愛的各位：六月到了，我們很快就可以在小木屋碰面。

我正坐在新露臺上的一張孔雀椅，筆記型電腦擺在膝上，當我不打字時，便會望向西北邊的晚霞。

不過現在我可要休息一下，因為奶奶上樓來了，帶著兩個玻璃杯和一壺剛榨好的新鮮柳橙汁，加了叮噹作響的冰塊。

太陽下山已經超過一小時了，但新買的溫度計卻依然顯示將近二十度。

這封給你們的公開信，一直都有一條主軸，我沒有忘掉，會持續依循到最後一個句點落下為止；但除此之外，信一直還有一條**鬆散**副線，現在我想優先解開它。

第一章，我講述了一段尚且在體內縈繞的童年經歷，幾乎就像是昨天才剛發生那樣歷歷在目：我驚鴻一瞥地感受到某個童話般的世界曇花一現……

可是接下來，在快滿二十歲的某個時候，我卻體驗到某種形式的平衡經歷，抵銷了自己兒時經常苦苦對抗的脆弱生命感；那是一種更為和諧的感受，出於體悟到自己身為某個更龐大、存在時間將比自己更悠久的整體之一分子。那次經驗發生於某個清晨，在我跑到森林裡面、躺在野外睡一覺醒來之際。

我瞧見了兩三隻翅膀上帶有黑點的嫣紅瓢蟲、幾隻比小指頭指甲還要小的一丁點大的蜘蛛，還有兩三隻精力充沛的螞蟻，同樣是體型最小的那種，不禁對牠們感到著迷——然後就有種茅塞頓開的感覺。

豁然開朗般地鬆解的，是我緊束自身的矜持；我頓時卸下一切防備，毫無保留地屈從於包圍自己的環境，獻身給這些過去偶爾會被稱作「全自然」（allnaturen）的事物——這個概念意味著大自然具有某種靈魂，也就是一種泛神論。

不過，我為什麼要逃離文明，跑到森林裡呢？山下城裡有什麼綁住我，可一旦我來到大自然之中便幾乎馬上拋到九霄雲外的東西嗎？

我想，現在不得不告訴你們那則故事的一部分了。故事的全貌你們是讀不到的，我甚至還可能會撒一點謊。

在那之前，我遇見了一位女孩。或者我的意思是，我認識了一位女孩，甚至變得很熟稔——不對不對，我這就在說謊了！我深深地喜歡上一位女孩，這麼說才比較正確一點。當年我十八歲，她則是小我快一歲，就是在我撇下一切事務不管，掛著全天下最厚的臉皮、毫不內疚地蹺課跑去森林裡的那段時期。

但我必須倒回到更早一點前，從那開始講起：最初注意到這個女孩時，我只有十七歲，比今天的雷歐還要年輕，而她只有十六歲半。

然而，早在那時，不出幾秒鐘，我腦裡就已閃現「這人就是我的真命天女」。如果有什麼是我百分之百確定的，那就是我當時的想法正是如此：「看哪，」我心想，「我的真命天女就坐在那裡。」（她坐在一張大桌子後面。）

那固然是一個古怪的念頭、荒誕的靈感，好比一種內心的口誤，因為我在敘述的，可是一名正值二八年華的少女，年紀僅比我執筆當下的歐若拉還要大一歲多一點而已；但這對當時當地的我並不重要，在剛結識她的十二秒後，我腦中就是油然而生「她是我的真命天女」的信念。（那十幾秒鐘內，我向擔任該社團出納員的她購買了一張「高中學生聯盟」社員卡；如此她便也同時知道了我的名字。）

她是如此地……熠熠生輝（splendid）。

你們不會讀到更多關於她的形容詞。形容詞是愈少愈好，那一個源自拉丁文的外來語應該就足夠了。儘管查字典找出原本的字義，別客氣，不過這個字，你們畢竟靠英文也認得了。（那個時期的我，是個正在奧斯陸大教堂學校主修拉丁文課程的高中生：*splendidus, splendida, splendidum……*）

不過我倒是可以補充一項必要資訊：見到她的第一刻起，我就覺得自己**認識**她。這感覺不曉得打哪來的，可是我心裡竟靈機一動認定，她是那種恰恰會思考我愛想的那類主意的人；儘管除了入社費要價外，我們的交談不涉及別的話題。（況且，有這想法的，還是不相信思想能傳遞的我！）

她叫作希莉（Siri），幾分鐘後被我聽見，因為現場有人這麼叫她。

我們幾乎馬上就成了熟識，並且接下來一年內，都身處同一個朋友圈；我們固定在高中學生聯盟碰面，一起參加派對和小木屋旅遊，甚至還一起去了亨森小木屋。這一切都美好極了。唯獨一個美中不足的缺點，還是不那麼無關緊要的一點：她「名花有主」了——按照那時人們常用的說法。也就是說，她當時跟另一個人在一起，對方同樣也是高中學生聯盟的成員，參加了同樣幾場派對和小木屋旅遊——也去了亨森。他也去了，那個不要臉的臭傢伙！對此，我無計可施，卻放不下遇見了真命天女的想法。有一兩次，我甚至會想，也許早晚有一天會換成是我跟她在一起——可是也就想過那麼一兩次而已。

現在你們老早就發覺了，我敘述的這名女孩，她就是你們的奶奶。我的意思是，她現在是你們的奶奶，或者更準確地說，她成為了你們的奶奶——那個一小時前帶著鮮榨柳橙汁上來露臺的人。

這則故事的更多情節，目前無可奉告。不過藉由透露這一點事情，我稍微講述了自己當年在上課日逃離城市、溜到森林裡。我想要一個人獨處。而要是故事就這麼戛然而止，比方說，以「堅定不移的『真命天女』信念，就這樣因為感受森林而逐漸消逝」來作結的話，她和我並有如浮萍般漸行漸遠，根本還來不及好好建立關係，那麼我現在就不會坐在這個露臺上，寫著這幾行字給你們了；也不會寫下「親愛的雷歐、歐若拉、諾亞、艾爾巴、尤莉亞和毛尼」。

雷歐、諾亞、歐若拉、艾爾巴、尤莉亞或毛尼也就都不會存在。世界看起來就會有點不一樣——因為光是一兩個人便能構成顯著差別，而對你們六位來說，世界就根本不會存在。想想看哪！

可能很難想像，只要過去什麼事情變得有那麼一點點不一樣——比方說，我們父母其中一人沒趕上公車或地鐵，我們就不會在這裡了。我們就不會來到世界上，世界依然會在這裡——可是少了我們。

同理，對我們許多人來說，要想像自己有一天將不再存在於世上，是一件相等困難的事。世界將會繼續運轉——可是少了我們。

想像自己不存在，幾乎是不可能的，也許只有少數幾個人才有能力掌握這項技術。

我一向都覺得，存在——就是存在於世界上、活著——真是難以言喻的奇怪。整整大半輩子，我都在想盡辦法用言語來表達，我不知道自己是否準確做到了，但誰都不能說我沒有嘗試過。

小時候，我對大人們感到失望透頂，他們不願意承認「有一個世界存在，並且我們身處這個世上」是奇怪的；世界很「正常」，他們這麼聲稱。可是我的體內卻有某個聲音發出抗議：他們明明就可以說「這件事想起來的確很奇怪」，甚至可以承認這件事有點不可思議，或者根本就太荒唐、太瘋狂……

隨著年紀漸長，我愈來愈有能力表達自己，成為作家或許就是我對那些麻木不仁、無動於衷大人的復仇。我向自己承諾，永遠不會變成一個把世界當成理所當然的人；我向自己承諾，永遠不會變得「見世不怪」。

然而，我卻總是覺得，要用言語表達存在的反面，也就是不再存在，是一件同樣困難的事。此時此刻我們在這裡，僅只這麼一遭。此時此刻，是我們在這裡！並且一去便永不復返。

第一次遭遇這個反差，是我宛如初次體驗到世界的那一天，想必是個星期天。我如夢初醒般意識到自己的存在，彷彿身在一個奇幻世界，而此犀利洞察所附帶的懲罰是，我同時得認清自己終將死亡的事實。如今那一天又接近了一點，稍早抬頭望向西北方的晚霞之際，我這麼想著。

有沒有什麼可以抵償害怕失去自己的惶恐不安呢？有沒有任何東西能夠平衡或彌補這種殞沒？這問題涉及我們所有人，不分老少，而我認為有很多不同的答案。我只能為我自己回答：

如果我有選擇，得以從兩個局面擇一：**要麼**當下就地死去，但心懷一種把握，深信在無法預見的未來，這個星球上的人類與生物多樣性，皆會完好無損；**要不然就是**，我將健康地長命百歲，儘管活在一顆未來黯淡的衰敗星球上——那麼我不會遲疑。我會毫不猶豫地即刻就地與世長辭，而且會相信這麼做再理所當然不過，並非首要當成一種犧牲，也不是作為一種義務，而是為了挽救某部分的我自己——某部分的我與我的附屬。

這種堅決，無關乎我的年齡或所處人生階段，因為在超過四分之一個世紀以前，我心中就有一模一樣的想法。

我在地球上的居住權一直是與生俱來的，縱使外部的世界公民資格——附有效護照及身分證字號——老早過期了，我也還是可以保留這項權利。

對我來說，這所關乎的是**身分**，也就是我是誰。因為，我可不僅僅是這個此刻正頂著六月幽暗夜色坐在外面露臺、敲打筆電鍵盤的個體；在我看來，這樣的身分識別太過薄弱或膚淺了，並不正確。我認為自己代表著更廣泛、更強大的事物——我**是**更廣泛、更強大的事物。

這就是我給你們的公開信中的主軸了，現在我所希望的是，你們同樣也能學著將自己與某個更大的自我視為同一，與這個賦予了你們生命、你們也將長久生活於其上的星球。

一想到我們不會永駐於世，想到我們本身是借用的、彼此也都只是借來的，就不禁脊背發涼，我們很多人都有過這樣的經驗。冰冷的恐懼可能填滿我們體內，對一些人來說，這僅會發生於少數時刻；對另一些人而言，他們對生命的感受則恐怕一輩子深受其擾。

當想到在最壞的情況下，我們可能會對自己的星球做出什麼事，那個念頭便會以同樣的方式令我一陣哆嗦。

如果我們還算有幾分把握，覺得這顆星球上的生物多樣性與生命根基都多少得到了保障，那麼就此離開這個世界，倒說不定會容易一些。此時此刻，我們正拿自己的身分、拿自身內部的大量深度在進行一場豪賭；因為，當我們削減這個星球的健康與多樣性時，就是在削減我們自己。

我不會自稱是悲觀主義者，我提過了：悲觀只不過是怠惰的代名詞。我也不喜歡以樂觀主義者自居，那樣幾乎等同於把人生現實隔絕在自身之外。

然而，這兩種——也許主要為某種「心態指稱」的——極端之間，卻存在著**希望**。希望是不一樣的東西，並不只是性格樂觀與否而已。希望屬於奮鬥不懈的範疇；希望的前提，乃是對所希冀之事物的信念。

以上就是我在這封公開信裡最後想對你們說的，親愛的雷歐、歐若拉、諾亞、艾爾巴、尤莉亞和毛尼。我們有許多理由去為了一個更美好的世界奮鬥，我們也有許多好理由去**相信**世界會變得更美好。

對此，你們有什麼想法呢？

順帶再問你們一次：二十一世紀告終之際，這個星球上是什麼樣的光景呢？

致謝

謹以此向安妮·斯維爾德魯普—提格森、達格·奧拉夫·黑森，以及厄伊斯坦·艾爾加厄伊表達由衷感謝，謝謝他們友好地閱讀本書的原稿，並一一提供聰慧、溫暖又富有見地的評語。

國家圖書館出版品預行編目

此時此刻，我們相遇：一部人生哲學 / 喬斯坦．賈德 (Jostein Gaarder) 著；劉恙冷譯．-- 初版．-- 新北市：木馬文化事業股份有限公司出版：遠足文化事業股份有限公司發行，2023.02
224 面；14.8×21 公分．--（木馬文學）
譯自：Det er vi som er her nå
ISBN 978-626-314-366-1(（平裝）
1. 人生哲學
191.9 112000028

木馬文學 163

此時此刻，我們相遇：一部人生哲學

Det er vi som er her nå

作者	喬斯坦・賈德（Jostein Gaarder）
譯者	劉恙冷
社長	陳蕙慧
總編輯	戴偉傑
責任編輯	丁維瑀
行銷企畫	陳雅雯、趙鴻祐
封面設計	Liaoweigraphic
內頁排版	宸遠彩藝
讀書共和國集團社長	郭重興
發行人	曾大福
出版	木馬文化事業股份有限公司
發行	遠足文化事業股份有限公司
地址	231 新北市新店區民權路 108 之 3 號 8 樓
電話	02-2218-1417
傳真	02-2218-0727
Email	service@bookrep.com.tw
郵撥帳號	19588272 木馬文化事業股份有限公司
客服專線	0800-221-029
法律顧問	華洋國際專利商標事務所　蘇文生律師
印刷	中原造像股份有限公司
初版一刷	2023 年 2 月
定價	360 元
ISBN	978-626-314-366-1
EISBN	9786263143678（PDF）、9786263143685（EPUB）